LA IGLESIA DEL

NUEVO

TESTAMENTO

Su Organización

Y Funciones

Un Texto
Semi-programado

Sam Westman Burton

Wipf and Stock Publishers
EUGENE, OREGON

Wipf and Stock Publishers
199 West 8th Avenue, Suite 3
Eugene, Oregon 97401

La Iglesia Del Nuevo Testamento: Su Organizacion Y Funciones
Un Texto Semi-programado
By Burton, Sam Westman
Copyright©2003 by Burton, Sam Westman
ISBN: 978-1-4982-4634-7
Publication date 7/14/2003

PREFACIO

El autor, Sam W. Burton, ha visto una necesidad de entrenar el liderazgo en las iglesias, nuevas y antiguas. Este volumen es su respuesta a esa necesidad, extraída de su experiencia y de muchos otros. Me hubiera gustado tener este manual para los ancianos (presbíteros) en las iglesias que he pastoreado como también para los líderes en las iglesias caseras que he ayudado a establecer en campos extranjeros.

Este estudio ha sido probado y hallado útil y adaptable; su valor se encuentra en la simplicidad con la que ha sido elaborado. Los que usan este material pronto se dan cuenta y expresan un, " yo puedo hacerlo" ó "ayuda está cerca, a la mano y puedo corregir mis faltas inmediatamente."

Para los que no tienen mucha educación, este material es enviado por Dios, dando satisfacción y esperanza. Para personas analfabetas, los enunciados con espacios en blanco, pueden ser formulados como preguntas para que ellos contesten.

Este estudio ya ha sido usado en otros idiomas, y que Dios aumente su uso entre las naciones de Su mundo. En hogares, tiendas y bajo árboles sombrosos, apartamentos y cuevas – en cualquier lugar donde se reúne la iglesia – traigan estas páginas entendimiento y gozo, adoración y ministerio santo.

David Brainerd Woodward

INTRODUCCION

Hay muchos estudios buenos sobre la doctrina de la Iglesia (Eclesiología). No pretendemos repetir las enseñanzas de estos libros. Pero debido a que aún existe confusión en cuanto a la iglesia local en su organización bíblica y en sus funciones; en este estudio vamos a ver algunos aspectos de la iglesia local o el grupo de creyentes en una localidad.

La palabra"ekklesia" en el Nuevo Testamento se traduce como "iglesia", "asamblea" ó "congregación". Cuando usamos la palabra "iglesia" muchas veces tenemos en mente un edificio, un predio o un templo; decimos, "vamos a la iglesia". Pero esta palabra significa un organismo y no una cosa material, y en ese sentido—de organismo o creyentes reunidos juntos en el nombre de Cristo—la vamos a usar. La Iglesia Local, es por supuesto, parte de la Iglesia Universal. Este estudio puede ser usado como un suplemento o como una fuente individual debido a que es completo en sí mismo.

Este estudio refleja las enseñanzas del libro NEW TESTAMENT ORDER FOR CHURCH AND MISSIONARY (El Orden del Nuevo Testamento para la Iglesia y los Misioneros) por Alexander R. Hay. Mis experiencias, 38 años en el campo misionero, contribuyen también a la elaboración de este material.

En este estudio, consideramos la posición de pluralidad de ancianos en la iglesia local y la Cena del Señor como una reunión de adoración.

Esperamos que este estudio sea una bendición en la iglesia y para la Gloria del Señor Jesucristo.

INDICE

INSTRUCCIONES

1. Complete el primer párrafo escribiendo la palabra correcta en el espacio en blanco.

2. ¿Acertó?. Para saber, mire la palabra en el paréntesis al principio del párrafo siguiente, (número 2)

3. De la misma manera, la respuesta del párrafo 2 se encuentra en el principio del párrafo 3. La respuesta, entonces, se encuentra entre paréntesis en el párrafo siguiente.

4. Otra manera de responder a las preguntas de este libro será marcar la respuesta correcta.

5. Las dos maneras de responder a preguntas de este libro son escribir o marcar.

6. Ud. siempre debe contestar la pregunta antes de mirar la respuesta correcta o confirmar lo correcto.

7. Recuerde el método: LEER, ESCRIBIR, (O MARCAR), Y DESPUES CONFIRMAR.

LECCIÓN 1 **LA ENSEÑANZA DE JESUCRISTO**
LA IGLESIA UNIVERSAL

Al terminar esta lección Ud. deberá ser capaz de:

- Entender a quién pertenece la iglesia
- Explicar lo que es la Iglesia Universal.
- Expresar la promesa de Jesús en cuanto a la Iglesia victoriosa.

1.   Lea las palabras del Señor Jesús en Mateo 16:18, "edificaré mi iglesia y
las puertas del infierno no prevalecerán contra ella".
Quien está hablando en este pasaje es _____.

2.   (Jesucristo) Este pasaje nos enseña que la iglesia pertenece a

_____.

3.   (Jesucristo) La palabra que expresa esta verdad es la palabra _____.

4.   (mi) Según el versículo, el edificador de la iglesia es

_____.

5.   (Jesús o Cristo) Cuando Jesús pronunció estas palabras, la iglesia...
(señale la respuesta correcta).

A. _____Ya existía en el pasado
B. _____Existía en el tiempo que se dijo estas palabras.
C. _____Estaba todavía en el futuro.

6.   (C) La primera promesa del Señor Jesús aquí entonces es
" _____   _____   _____ ".

1

7.   (Edificaré mi iglesia) En este pasaje la iglesia no existía todavía. Jesús estaba hablando de la Iglesia Universal y no de la Iglesia _____.

8.   (Local) Jesús estaba hablando de la iglesia _____.

9.   (Universal) Debemos considerar ahora lo que significan las palabras "Iglesia Universal". No significan un predio, una denominación o una congregación de creyentes locales. Nos referimos a aquella compañía grande de personas individuales desde Pentecostés en adelante, que han creído en el Señor Jesucristo como Salvador y Señor. Es un cuerpo eterno y universal, visible e invisible unido con Cristo por la fe. "Los escogidos en Cristo". (Efesios 1:4). Iglesia universal no significa un
_____ o _____o una
_____ de creyentes locales.

10.   (Predio, denominación, congregación) La iglesia universal está compuesta por todos los creyentes en Cristo de todas las épocas. Los creyentes de todas las épocas pertenecen a la

_____   _____.

11.   (Iglesia Universal) Lea otra vez Mateo 16:18, notando especialmente la última frase. En esta frase notamos la segunda promesa del Señor Jesús en cuanto a la iglesia: "Las_____ del_____
(Hades)_____ _____ _____ ella".

12.   (Puertas, infierno, no, prevalecerán, contra) Las palabras "Las puertas del infierno o Hades" se refieren al poder, dominio y a la persona de Satanás y a las huestes del mal. Pero, _____ no puede vencer a la Iglesia, la cual pertenece a Cristo.

13. (Satanás) Muchas veces parece que Satanás, el enemigo de la Iglesia, está venciendo en una iglesia local, pero es reconfortante saber que finalmente "las_____ del _____no _____ contra ella", la Iglesia Universal.

14. (puertas, infierno, prevalecerán) Cuando Jesús dijo, "edificaré mi iglesia" estaba hablando de la _____ _____.

15. (Iglesia Universal) La iglesia pertenece a _____.

16. (Jesucristo) Jesús prometió, "_____ mi _____".

17. (Edificaré, iglesia) Jesús prometió también que su iglesia es una iglesia victoriosa. La iglesia de Cristo es una iglesia _____.

18. (Vencedora o victoriosa).

SUGERENCIAS Y PLAN PARA ESTUDIO DE GRUPO

Lección 1: La Enseñanza de Jesucristo acerca de la Iglesia Universal.

PLAN

1. Constatar que los alumnos ya estudiaron la lección o reservar tiempo para el estudio.

2. Leer pasajes bíblicos relacionados con el tema.

3. Usar las siguientes preguntas o referencias para motivar el intercambio de ideas.

PREGUNTAS Y REFERENCIAS

1. ¿Cuál es el contexto de las palabras de Jesús en Mateo 16:18? Lea Mateo 16:13-20

2. ¿Cuál es el significado de las palabras, "sobre esta piedra"? ¿Qué piedra?

3. Discutir las palabras "las puertas del infierno no prevalecerán contra ella". ¿Es esto verdad?

4. Notar la definición de Iglesia Universal en Efesios 1:22-23.

LECCIÓN 2

LA ENSEÑANZA DE JESUCRISTO
LA IGLESIA LOCAL

Al terminar esta lección Ud. deberá ser capaz de:

- Definir lo que es la iglesia local.
- Explicar la promesa del Señor Jesús en cuanto a los creyentes reunidos.
- Explicar el contexto o asunto de los versículos mencionados.

19. Ahora vamos a estudiar otro pasaje de enseñanza del Señor Jesús sobre la Iglesia. Lea Mateo 18: 15 – 20. Según el título escrito en su Biblia antes del versículo 15, el asunto del pasaje es "Cómo se _____ _____ a un _____ _____".

20. (debe, tratar, hermano, culpable) El asunto del pasaje es cómo tratar al hermano que persiste en su pecado, pero no vamos a tratar eso ahora. Queremos apenas notar los versículos 17 y 20 de este pasaje. En el versículo 17 hallamos la palabra _____ dos veces.

21. (iglesia) Es imposible llevar un asunto ante la iglesia universal porque es invisible y esparcida. Por eso, la iglesia mencionada en este pasaje es una iglesia _____.

22. (local) El pasaje en Mateo 18:17 está tratando con la _____ _____.

23. (iglesia local) La iglesia local es parte de la iglesia universal, la cual

5

se reúne en una localidad o lugar. La iglesia local es una parte de la

_____ _____.

24. (Iglesia Universal) En el pasaje en Mateo 16:18, Jesús estaba hablando de... (señale la repuesta correcta)

A. _____ una denominación.
B. _____ una iglesia local.
C. _____ la iglesia universal.

25. (C) ¿Acertó? Jesús estaba hablando de la iglesia universal, pero en Mateo 18:17, Jesús estaba hablando de la _____

_____.

26. (iglesia local) La iglesia local es un grupo de creyentes "escogidos de Dios", que se reúnen en una _____.

27. (localidad) Vamos a estudiar ahora el versículo 20 de Mateo capítulo 18. El asunto es todavía un caso de un hermano en pecado, pero notamos que el versículo 18 habla de "atar" y "desatar" y el versículo 19 habla de oración. El versículo 20 entonces, está hablando de la iglesia local en oración. El versículo 20 habla de la _____

_____ en oración.

28. (iglesia local) Aquí tenemos una definición más simple de la iglesia local; "dos o tres" que están "reunidos en mi nombre". El nombre es el nombre de _____.

29. (Jesucristo) LA IGLESIA LOCAL PUEDE SER MUY PEQUEÑA, SÓLO "DOS O TRES". Una sola persona no puede ser considerada como una iglesia, asamblea o congregación. Una sola persona no puede ser una

_____ _____ .

30. (iglesia local) Pero, dos o tres reunidos como una iglesia en comunión con Cristo y no sólo como personas individuales, puede ser una iglesia local. Una definición más simple de iglesia local es: "_____

o _____ _____ en _____

_____ ".

31. (dos, tres, reunidos, mi, Nombre) La promesa bendita del Señor Jesús a los creyentes reunidos verdaderamente en su nombre es "allí estoy yo en medio de ellos". Jesús promete su _____ en la iglesia local reunida en su nombre.

32. (presencia) La iglesia local puede ser muy simple, pero tiene que reunirse en su _____ .

33. (Nombre) Este nombre es el nombre de _____ .

34. (Jesucristo) La iglesia local tiene una promesa preciosa. La

_____ de _____ .

35. (presencia, Jesucristo) En Mateo 18:17, Jesús habla de la

_____ _____ .

36. (iglesia local) La iglesia local está compuesta de verdaderos creyentes reunidos en el nombre de _____.

37. (Jesucristo) La iglesia local más sencilla posible sería de _____ o _____ creyentes.

38. (dos, tres) La promesa más preciosa para la iglesia reunida es la _____ de _____.

39. (presencia, Jesucristo)

SUGERENCIAS Y PLAN PARA ESTUDIO DE GRUPO

Lección 2: La enseñanza de Jesucristo. La iglesia local.

PLAN

1. Comprobar que los alumnos ya estudiaron la lección o reservar tiempo para su estudio.

2. Leer pasajes bíblicos relacionados con el tema.

3. Usar las siguientes preguntas para motivar el intercambio de ideas.

PREGUNTAS Y REFERENCIAS:

1. ¿Cuál es el tema del contexto de Mateo 18:15-20?

2. ¿Qué es una iglesia local?

3. ¿Cuál es la diferencia de una iglesia local y una iglesia universal?

4. ¿Cuál es la iglesia local más simple?

5. ¿Cuál es la promesa del Señor Jesús a los verdaderos creyentes reunidos en su nombre? ¿Qué significa esto para Ud.?

LECCIÓN 3   LA IGLESIA DEL NUEVO TESTAMENTO
COMENZÓ EN EL DÍA PENTECOSTÉS

Al terminar esta lección Ud. deberá ser capaz de:

- Considerar las promesas de Jesús en cuanto a la venida del Consolador.
- Saber cuando comenzó la iglesia.
- Comprender la importancia de 1º Corintios 10:32.

40.   Ya hemos visto en la primera lección que la iglesia era todavía futura cuando Jesús habló las palabras de Mateo 16:18. Cuando Jesús habló las palabras de Mateo 16:18, la iglesia todavía estaba en el

_____.

41.   (futuro) De este modo, ¿Cuándo comenzó la iglesia? Recordemos que iglesia, "el Cuerpo de Cristo", era un " misterio escondido en Dios". (Lea Efesios 3: 3-6). Fue una cosa no revelada precisamente en el Antiguo Testamento. La iglesia era un _____ escondido en Dios.

42.   (misterio) Pero notemos algunas palabras del Señor Jesús antes de su muerte, resurrección y ascensión. Lea Juan 14:16,17,20 y 26; "y rogaré al Padre, y El os dará otro Consolador... el Espíritu de verdad..., al cual vosotros conocéis, porque Él habita con vosotros y estará en vosotros. En aquel día vosotros conoceréis que yo estoy en mi Padre, y vosotros en mí y yo en vosotros... mas el Consolador, el Espíritu Santo, a quien el

Padre enviará en mi nombre…". En estos versículos Jesús promete a sus discípulos otro _____.

43. (Consolador) En estos versículos (puede leer de nuevo) hay otros dos nombres dados al Consolador. Son _____ de _____ y _____ _____.

44. (Espíritu, verdad, Espíritu Santo) Quien enviaría al Consolador, el Espíritu Santo, es el _____.

45. (Padre) Estos versículos nos enseñan también que el Espíritu Santo habitaba con los discípulos, mas aún no habitaba en ellos. ¿El Consolador habitaba ya en los corazones o en las vidas de los discípulos?
    A. ___ SI
    B. ___ NO

46. (B) Las palabras "en aquel día" son palabras que expresan un contexto de:
    A. ___ Pasado
    B. ___ Presente
    C. ___ Futuro

47. (C) Sí, son palabras del futuro. Hay una verdad preciosa: cuando venga el Espíritu Santo habrá una unión íntima y preciosa entre el Padre, el Hijo y los suyos. Esto se expresa en las palabras: "vosotros conoceréis que yo _____ en _____ _____ y vosotros _____ _____ y yo _____ _____.

48. (estoy, mi Padre, en mí, en vosotros) ¡Bien! Veamos dos pasajes más. Lea Hechos 1:5 y 8, las palabras "... mas vosotros <u>seréis</u> bautizados con el Espíritu Santo, no mucho después de estos días...", "... mas <u>recibiréis</u> poder cuando haya venido sobre vosotros el Espíritu Santo ...". Las verdades subrayadas están en el tiempo

49. (Futuro) Ahora, ¿Cuándo se cumplieron estas palabras y promesas? Lea Hechos 2: 1-4, ¿ya leyó? ¡Bien! El versículo 1 dice, "Al cumplirse el día de Pentecostés, estaban todos (unas 120 personas Hech.1: 15) reunidos en un mismo lugar". El Espíritu Santo vino en el versículo 4, "Todos fueron llenos del Espíritu Santo." Todos las palabras y promesas anteriores fueron cumplidas en el día de _____.

50. (Pentecostés) El Espíritu Santo vino en el día de_____.

51. (Pentecostés) ¿Cuándo comenzó la iglesia? La iglesia comenzó en el día de_____.

52. (Pentecostés) ¿Cuándo vino el Consolador? ¿Cuándo estuvieron los discípulos en unidad íntima con el Padre y con el Hijo? ¿Cuándo fueron los discípulos bautizados con (o en) el Espíritu Santo?
En el _____ de_____.

53. (día, Pentecostés) Lea 1 Corintios 12:13. "Pues, en un solo Espíritu, todos hemos sido bautizados en un cuerpo, sean judíos, sean griegos, sean esclavos, sean libres. Y a todos se nos dio a beber de un mismo Espíritu". Desde Pentecostés todo verdadero creyente, todo "escogido de Dios" es bautizado por el Espíritu en el "Cuerpo de Cristo" donde no

hay diferencia de raza, ni clase social. Todo verdadero creyente, todo verdadero "Hijo de Dios" es miembro de la _____ de

_____.

54. (iglesia, Cristo) Hay otro pasaje importantísimo para que comprendamos el plan de Dios en esta época de su gracia. Vea 1 Corintios 10:32, "No seáis tropiezo ni a los judíos, ni a los gentiles, ni tampoco a la iglesia de Dios". Pablo en este pasaje nos enseña de las divisiones de la humanidad en esta dispensación de la iglesia. Estas son:

los_____ los_____, y la

_____ de _____.

55. (Judíos, gentiles, iglesia, Dios) Los judíos son el pueblo de Dios del Antiguo Testamento escogido desde los días de Abraham. Los gentiles son los no judíos (o las naciones) de todas las épocas. Y la iglesia de Dios está compuesta de los convertidos (los salvos en Cristo) entre los judíos y gentiles desde Pentecostés. La iglesia de Dios está compuesta de _____ y _____ convertidos desde

_____.

56. (Judíos, gentiles, Pentecostés) La iglesia pertenece a

_____.

57. (Jesucristo) Jesús prometió "_____ mi iglesia".

58. (Edificaré) Jesús dice que la iglesia más sencilla consiste de
" _____ o _____ reunidos en _____
_____ ".

59. (dos, tres, mi nombre) El Consolador, el Espíritu Santo, vino en el día

de_____.

60. (Pentecostés) La _____ comenzó en el día de

Pentecostés.

61. (iglesia) La iglesia de Dios consiste de _____ y

_____ convertidos a Cristo.

62. (Judíos, gentiles)

SUGERENCIAS Y PLAN PARA ESTUDIO DE GRUPO

Lección 3: La Iglesia del Nuevo Testamento comenzó en el día de Pentecostés.

PLAN

1. Comprobar que los alumnos ya estudiaron la lección o reservar tiempo para su estudio.

2. Leer pasajes bíblicos relacionados con el tema.

3. Usar las siguientes preguntas o referencias para motivar el intercambio de ideas.

PREGUNTAS Y REFERENCIAS:

1. ¿Cuándo comenzó la Iglesia?

2. ¿Existió la Iglesia de Cristo en el Antiguo Testamento?

3. ¿Cuál es la relación entre el comienzo de la iglesia y la venida del Espíritu Santo?

4. ¿Cuándo es el creyente bautizado en el Espíritu Santo hoy día?

LECCIÓN 4　　　　　　　　　　　　　**JERUSALÉN**

LA PRIMERA IGLESIA LOCAL

Al terminar la lección Ud. deberá ser capaz de:

- Decir dónde estaba la primera iglesia local.
- Contar los resultados de la predicación de Pedro.
- Señalar las 4 actividades de la iglesia según Hechos 2:42.
- Explicar la importancia del Estudio Bíblico de la iglesia.

63. Ya hemos visto cómo la iglesia comenzó en el día de Pentecostés. En aquel día Pedro predicó su gran discurso sobre el Señor Jesucristo. Vamos ahora a ver los resultados. Lea Hechos 2:41-47. ¿Ha leído ya? ¡Qué maravilla, las cosas que acontecieron aquel día! Todas estas cosas acontecieron en la ciudad de Jerusalén. Podemos decir que la primera iglesia local comenzó en la ciudad de _____.

64. (Jerusalén) En Jerusalén comenzó la primera _____ _____.

65. (iglesia local) Queremos señalar algunas de las actividades de esta nueva congregación. Notemos primeramente cómo comenzaron. En el versículo 41 leemos, "entonces los que aceptaban la palabra fueron bautizados, habiendo un crecimiento en aquel día de casi tres mil personas". Las personas que aceptaron la palabra fueron _____.

66. (bautizados) Hubo mucha gente, casi _____ _____ personas.

16

67. (tres mil) Antes de considerar en más detalle el versículo 42 vamos a notar algunas cosas que pasaron en los versículos 43 al 47:

vs. 43 "en cada alma había temor". Hubieron prodigios y señales.

vs. 44 "todos los que creían estaban juntos y tenían todo en común."

vs. 45 Mostraban su amor unos con otros de una manera práctica.

vs. 46 "perseveraban unánimes en el templo, partían el pan en sus casas, ... comiendo con alegría y sencillez de corazón.

vs. 47 Alababan a Dios. Hubo buen testimonio con el pueblo.

El resultado de esta reverencia a Dios, la unidad de los hermanos, el amor, la perseverancia, la alegría y el loor a Dios era tanto que el Señor "añadía ... día a día los que iban a ser salvos". El resultado de andar con Dios y unos con otros en amor, es el _____ de la iglesia.

68. (crecimiento) ¡Qué alegría! ¡Qué bendición! Vamos ahora a considerar el versículo 42 y la organización simple de la congregación de Jerusalén. El versículo dice: "Y perseveraban en la doctrina de los apóstoles y en la comunión, en el partimiento del pan y en las oraciones."
Dice que los fieles permanecían y perseveraban en cuatro actividades:

1. En la doctrina de los _____.
2. En la _____.
3. En el _____ del _____.
4. En las _____.

69. (Apóstoles, comunión, partimiento, pan, oraciones) Consideraremos cada actividad en orden. Primeramente notamos que seguían diligentes en la _____ de los _____.

70. (doctrina, apóstoles) Los nuevos creyentes bautizados comenzaron luego a "estudiar la Biblia". Sin duda estudiaban el Antiguo Testamento y las profecías cumplidas en la persona de Jesucristo, o el Mesías prometido. Estudiaban en cuanto a la persona de

_____.

71. (Jesucristo) Pero también, siendo la doctrina (enseñanza) apostólica, estudiaban todas las palabras que Jesús había dejado a sus discípulos. Jesús promete en Juan 16:13 lo siguiente: "cuando venga, pues, el Espíritu de verdad, Él os guiará a toda verdad; porque no hablará por sí mismo, mas dirá todo lo que habéis oído, y os anunciará las cosas que habrán de venir". Notamos las últimas dos frases que el Espíritu Santo les recordaría las palabras de Jesús y también les revelaría el futuro. Una parte de la doctrina apostólica son las _____ de

_____.

72. (palabras, Jesús) Otra parte son las cosas del _____.

73. (futuro) En el tiempo de Hechos 2:42, la doctrina de los apóstoles era todavía oral, es decir a viva voz y no escrita. Mas ahora nosotros tenemos las palabras de Jesús y la doctrina de los apóstoles en el Nuevo Testamento. Por eso nosotros debemos estudiar el Antiguo Testamento y el _____ _____.

74. (Nuevo Testamento) La iglesia local (la congregación juntos) precisa estudiar la Biblia o toda la Palabra de Dios. Este estudio puede ser en la Escuela Dominical, en el Estudio Bíblico de la semana, en un retiro

espiritual y en otras maneras. Lo importante es que la iglesia local tenga

su _____ _____.

75. (Estudio Bíblico) La palabra, en Hechos 2:42, "perseveraban" no sólo

significa estudiar sino también guardar u obedecer. La congregación local

necesita _____ y _____ la

doctrina de los apóstoles o la _____.

76. (estudiar, obedecer, Biblia) Las cuatro actividades de la iglesia

en Jerusalén eran (vea párrafo 68):

1. Estudiar y obedecer la _____ de los _____.
2. Mantener la _____.
3. _____ del _____.
4. Perseverar en la _____.

77. (doctrina, Apóstoles, comunión, Partimiento, pan, oración) En nuestras

congregaciones locales debemos siempre estudiar la Biblia o la

_____ de _____.

78. (Palabra, Dios) Una de las actividades importantes para la iglesia es

mantener su estudio _____.

79. (Bíblico) La primera actividad de la iglesia en Jerusalén era permanecer

en la _____ de los _____.

80. (doctrina, Apóstoles) Nosotros llamamos esta actividad el

_____ Bíblico.

81.   (Estudio) Cada grupo de creyentes debe tener su _____

       _____.

82.   (Estudio Bíblico).

SUGERENCIAS Y PLAN PARA ESTUDIO DE GRUPO

Lección 4. Jerusalén: La primera iglesia local.

PLAN

1. Comprobar que los alumnos ya estudiaron la lección o guardar tiempo para estudio.

2. Leer pasajes bíblicos relacionados con el tema.

3. Usar las siguientes preguntas o referencias para motivar el intercambio de ideas.

PREGUNTAS Y REFERENCIAS

1. ¿Dónde comenzó la primera iglesia local?

2. ¿Cuál fue el resultado de la predicación de Pedro?

3. ¿Qué estudiaban como grupo? Hechos 2: 41-47. ¿Cuáles son las actividades de la iglesia en aquellos días?

4. ¿Cuáles eran las manifestaciones de bendición de Dios sobre la nueva iglesia?

5. ¿Cuál es la importancia del estudio bíblico en su iglesia?

LECCIÓN 5
LA COMUNIÓN DE LA IGLESIA
O CONGREGACIÓN O ASAMBLEA

Al terminar esta lección Ud. deberá ser capaz de:

- Expresar el significado de la palabra "comunión".
- Explicar el llamado de Dios para tener comunión con Jesús.
- Definir el propósito de Dios en que nosotros anunciemos el evangelio según 1 Juan 1:3.
- Discutir la importancia de Hebreos 10:25 en la vida de la Iglesia.

83. Ya hemos visto que la primera actividad de una congregación local es tener un estudio bíblico. En Hechos 2:42, la segunda cosa mencionada es "...y la comunión". La iglesia local debe tener_____.

84. (comunión) Vamos a estudiar un poco lo que puede significar esta "Comunión". Hay varios significados de la palabra comunión, como "acuerdo de ideas o "sacramento de religiones cristianas". También se refiere a la Cena del Señor con las expresiones "comunión de la sangre de Cristo" y "comunión del cuerpo de Cristo" en 1 Corintos 10:16. Pero en el contexto de los usos de esta palabra, creemos que significa "unidad", "intimidad", (amistad) "estar juntos en confraternidad". La iglesia local debe tener _____ con el cuerpo de Cristo.

85. (comunión) Vamos a estudiar algunos versículos que expresan estos pensamientos. En 1 Corintios 1:9 leemos: "Fiel es Dios, por el cual fuisteis llamados a la comunión de su Hijo Jesucristo nuestro Señor". Pablo nos enseña que los creyentes de Corinto fueron llamados a la _____ de Jesucristo.

86. (comunión) ¡Qué precioso! Nosotros, como creyentes, somos llamados a la comunión de Jesucristo. Somos llamados a tener una relación íntima y eterna con Jesús. El creyente es llamado para tener

_____ con _____.

87. (comunión, Jesucristo) Esta comunión con Jesús significa participar de la vida de Jesús, escuchar y obedecer Su palabra, y mantener un tiempo de oración con El. El creyente tiene el privilegio de mantener

_____ con Jesús.

88. (comunión) Dios llama al creyente "a la _____
con su _____ Jesucristo".

89. (comunión, Hijo) Vea otros versículos como 2 Corintios 13:14, "Comunión del Espíritu". Filipenses 2:1, "Comunión del Espíritu". El creyente puede experimentar la _____ del_____.

90. (comunión, Espíritu) Esta comunión con Cristo y con el Espíritu como creyentes individuales es la base de la comunión de los creyentes juntos en Cristo. Ya hemos estudiado que la iglesia local puede ser "dos o tres reunidos en Mi nombre..." Este nombre es el nombre de _____.

91. (Jesús) Dos, tres o más estan _____ en el nombre de Jesús.

92. (reunidos) En Gálatas 2:9, el apóstol Pablo escribe: "Y, cuando conocieron la gracia que me fue dada, Jacobo, Cefas y Juan... nos extendieron, a mí y a Bernabé, la diestra de comunión ". Sin duda

hubo un "acuerdo de ideas" y una aceptación unos de otros en amor y ministerio. Pablo y Bernabé tuvieron _____ con los otros apóstoles.

93. (comunión) Otro pasaje importante es 1 Juan 1:3, "Lo que hemos visto y oído esto también os anunciamos, para que vosotros igualmente tengáis comunión con nosotros. Ahora, nuestra <u>comunión</u> es con el Padre y con Su Hijo Jesucristo". ¡Qué palabra preciosa! El apóstol Juan nos enseña que el propósito de anunciar el evangelio es para tener hermanos en una familia. "Para que vosotros igualmente tengáis <u>comunión</u> con nosotros". El deseo de Juan y sus compañeros en la fe, es tener _____ entre los creyentes.

94. (comunión) De esta manera el propósito de predicar el evangelio es para que la familia crezca y para que haya una comunión, una unanimidad, una unión, una reunión entre los creyentes en Cristo. Un propósito entre los creyentes en Cristo es mantener_____ entre ellos.

95. (comunión) Lea de nuevo 1 Juan 1:3. ¿Lo ha leído? En la última frase Juan dice, "nuestra <u>comunión</u> es con el Padre y con su Hijo Jesucristo". Ya hemos visto que el creyente fue llamado a la comunión de Jesús y a la comunión del Espíritu. Ahora tenemos comunión con el _____, con el _____ Jesucristo y con el _____ _____.

96. (Padre, Hijo, Espíritu Santo) Como creyentes individuales y como creyentes reunidos juntos, debemos tener comunión con el _____, el _____ y el _____ _____.

24

97. (Padre, Hijo, Espíritu Santo) Ahora, ¿Qué significa todo esto en una manera práctica? ¿Cómo se aplican estas verdades en una congregación o iglesia local? Lea Hebreos 10:24, 25. "Considerémonos también los unos a los otros, para estimularnos al amor y a las buenas obras. No dejemos de reunirnos..." Los creyentes deben estimularse al _____ y a las _____ _____.

98. (amor, buenas obras) Como creyentes debemos mantener comunión, consideración, amor y buenas obras. Y "no _____ de _____.

99. (dejemos, congregarnos) Otras traducciones dicen: "No dejando nuestra congregación (o asamblea) ", "No abandonemos... la costumbre de asistir a las reuniones", "No descuidemos nuestros deberes en la iglesia, ni sus reuniones." Sin duda hay mucha enseñanza en esta frase sobre la cuestión de cambiar de una congregación a otra, etc. Sin embargo, en este estudio queremos centrarnos en una iglesia local en comunión. ¡No hay duda! Para que los creyentes tengan comunión tienen que estar juntos en las reuniones. Para que los creyentes de una iglesia local puedan mantener la comunión tienen que asistir a las _____ de la iglesia.

100. (reuniones) La presencia física y espiritual del creyente en las reuniones de la iglesia, es necesaria, para experimentar plena comunión con los otros hermanos. La presencia del miembro de la iglesia en las _____ es necesaria.

101. (reuniones) El creyente debe tomar una parte activa en todas las

reuniones de la iglesia para demostrar así su plena_____.

102. (comunión) Cuando pensamos en la iglesia de Jerusalén, la cual se matenía en "comunión"; pensamos en los creyentes juntos en todas las actividades de la congregación. La comunión es el resultado del amor de unos para con otros. El creyente que se encuentra en comunión, muestra amor en su deseo de estar_____ con los otros creyentes.

103. (junto) La iglesia local debe tener_____ unos con otros.

104. (comunión) El creyente es llamado para tener_____ con _____.

105. (comunión, Cristo) También el creyente puede experimentar la comunión del _____ (ver párrafo 89)

106. (Espíritu) En 1 Juan 1:3, Juan nos enseña que "nuestra comunión es con el _____ y con Su Hijo Jesucristo".

107. (Padre) Hebreos 10:25 dice que " No _____ de _____ ".

108. (dejemos, congregarnos) Para mostrar de una manera práctica la comunión, el creyente debe estar en todas las _____ de la _____.

109. (reuniones, iglesia o congregación)

26

SUGERENCIAS Y PLAN PARA ESTUDIO DE GRUPO

Lección 5. La comunión de la iglesia.

PLAN

1. Constatar que los alumnos ya estudiaron la lección o reservar tiempo para el estudio.
2. Leer pasajes bíblicos relacionados con el tema.
3. Usar las siguientes preguntas o referencias para motivar el intercambio de ideas.

PREGUNTAS Y REFERENCIAS

1. ¿Cuáles son las diferentes definiciones de la palabra "comunión" y su aplicación en la vida de la iglesia?

2. ¿Cuál es el significado de nuestra comunión con Dios y con los hermanos en Cristo? Estudie 1 Juan 1:3.

3. ¿Qué importancia tiene el que los creyentes esten en todas las reuniones y actividades de la congregación? Vea Hebreos 10:23 – 25.

LECCIÓN 6   ## LA MESA DEL SEÑOR

Al terminar esta lección Ud. será capaz de:

- Mencionar los nombres usados para la mesa del Señor.
- Saber quién instituyó la Cena del Señor y cuándo.
- Decir a otros el significado de esta fiesta de conmemoración.
- Dar una pequeña exposición de 1 Corintios 11:23-26.

110. Hemos estudiado dos actividades de la primera iglesia. La primera iglesia local se hallaba en la ciudad de_____.

111. (Jerusalén) Hallamos aquella congregación estudiando la doctrina de los apóstoles y manteniendo comunión juntos. La tercera actividad mencionada en Hechos 2:42 es "el _____ del _____ " vea párrafo 68.

112. (partimiento, pan) ¿Qué significa "partir el pan"? Encontramos la misma frase en Hechos 20:7, "En el primer día de la semana, estando nosotros reunidos con el fin de partir el pan". La mayoría de los comentaristas concuerda que esta frase se refiere a la Cena del Señor. La frase "el partimiento del pan " se refiere a la _____ del _____.

113. (Cena o Mesa, Señor) Antes de considerar algunas cosa en cuanto a la Mesa del Señor, sería de provecho notar los nombres usados para esta reunión. El nombre aquí en Hechos 2:42 es "el _____ del _____."

114. (partimiento, pan) En la lección pasada ya vimos las frases de 1 Corintios 10:16 " … la comunión de la sangre de Cristo … la comunión del cuerpo de Cristo". De estas frases viene el nombre que usamos para la cena del Señor, que es _____.

115. (comunión) En 1 Corintios 1:21 se hallan las palabras, "… participar de la Mesa del Señor". El nombre aquí es la _____ del _____.

116. (Mesa, Señor) Siguiendo en 1 Corintios, Pablo trata sobre algunos abusos en la reunión de los creyentes. En 11:20 él escribe, "Cuando, pues, os reunís en un mismo lugar, no es la Cena del Señor lo que coméis". En este versículo el nombre usado es la_____ del _____.

117. (Cena, Señor) Más tarde en el capítulo 11 y los versículos 24 y 26, leemos, "Haced esto en memoria de mí". (Vea también Lucas 22:19). El nombre aquí sería "en _____ de _____.

118. (memoria, mí) La Iglesia Católica usa la palabra "Eucaristía". Esta palabra viene del griego de 1 Corintios 14:16 y es traducida "acción de gracias". Cuando recordamos al Señor Jesús en Su muerte por nosotros, estamos ofreciendo "_____ de _____.

119. (acción, gracias) Vamos ahora a ver si Ud. puede recordar los nombres usados para esta reunión de la iglesia. Vea los enunciados o párrafos 113 a 118 de este libro. Los nombres usados son:

    1. El _____ del _____.   113.

2. La _____.   114

3. La _____ del _____.   115

4. La _____ del _____.   116

5. En_____ de _____.   117

6. _____ o _____ de _____. 118

120. (1. partiminto, pan; 2. Comunión; 3. Mesa, Señor; 4. Cena, Señor;
      5. Memoria, mí; 6. Eucaristía, acción, gracias) ¿Acertó? ¡Muy bien! Sin
      duda cada nombre tiene su propio significado, pensamiento e instrucción
      profunda. En este estudio no vamos a profundizar el modo en que el
      Señor Jesucristo se halla presente en la Cena o Mesa. (Vea la nota de
      este párrafo al final de esta lección, Pregunta 1). El Hecho es que
      El está presente en la cena con los verdaderos creyentes reunidos en su
      nombre. Jesús está _____ en la Cena del Señor.

121. (presente) Notamos que Jesús es el centro de la reunión y que la Mesa,
      la Cena, pertenece a El. El es el Señor. Creemos que el Señor Jesús
      instituyó dos mandamientos: el Bautismo y la Mesa del Señor. Los
      pasajes principales sobre la Cena son Mateo 26:26-30; Marcos 14:22-26;
      Lucas 22:14-20; Hechos 2:42- 46; Hechos 20:7; 1 Corintios 10:16-21;
      1 Corintios 11: 23-34. Claro que sería de mucho provecho estudiar cada
      pasaje, pero nuestro estudio es limitado. En los pasajes de los
      evangelios (Mateo, Marcos, Lucas) hallamos estas palabras: "Y mientras
      comían, tomó Jesús el pan, lo bendijo, lo partío, dio a sus discípulos, y
      dijo: Tomad, comed; esto es mi cuerpo" (Mateo). Lucas agrega las
      palabras "… ofrecido por vosotros; haced esto en memoria de mí." Quien
      instituyó la Cena fue _____.

122. (Jesus) Él mismo. Jesús celebró la primera Cena con sus discípulos. Jesús fue quien _____ la Cena del Señor.

123. (instituyó) La práctica es seguida en las iglesias del Nuevo Testamento. Lea 1 Corintios 11:23-32. ¿Ya leyó? Muy bien. Este pasaje de la Biblia esta lleno de enseñanza, significado, advetencia y bendición. Vemos que Pablo dio instrucciones a la iglesia de Corinto. Vamos apenas a notar algunas de las cosas preciosas en este momento. No pretendemos hacer un estudio completo. En 11:23 Pablo escribe, "Porque yo recibí del Señor lo que también os he enseñado". Pablo recibió este mandamiento del

_____.

124. (Señor) ¡Correcto! Pablo recibió esta enseñanza del Señor Jesús. Mas él no la guardó para sí, sino que la enseñó a los creyentes en Corinto. Pablo _____ esta enseñanza a los corintios.

125. (entregó) Pablo entregó o enseñó a los creyentes. Ahora, esta enseñanza comienza con la palabra "que" en el versículo 23, "que el Señor Jesús". Quien dio la enseñanza a Pablo fue el _____

_____.

126. (Señor Jesús) "… Jesús, la noche que fue entregado, tomó el pan". Jesús fue entregado en la noche de la Pascua. Jesús instituyó la Cena del Señor en la noche de la última _____.

127. (Pascua) Jesús fue traicionado por _____.

128. (Judas) En aquella noche Jesús instituýo la _____ del

_____.

129. (Cena, Señor) Jesús tomó el pan, dio gracias, y lo partió y dijo: "Esto es mi cuerpo, que es dado por vosotros; haced esto en memoria de mí. " Jesús mandó, " _____ esto."

130. (Haced) Cuando tomamos el pan debemos hacerlo en memoria de

_____.

131. (Jesús) En el versículo 25, Jesús tomó la copa. Él dijo: "Esta copa es el nuevo pacto en mi sangre." El cáliz o copa representa el _____ pacto en la _____ de Jesús.

132. (nuevo, sangre) Otra vez Jesús dice: "Haced esto". Es la voluntad de Jesús que celebremos la Cena del Señor. Es el mandamiento de Jesús. Jesús _____ que celebremos la Cena.

133. (mandó) Es una fiesta de recordación. Jesús dice, haced esto en

_____ de _____.

134. (memoria, mí) Ahora el versículo 26 explica una verdad preciosa e importante. Dice, "todas las veces que comiereis este pan y bebiereis esta copa, la muerte del Señor anunciáis, hasta que él venga". Pablo nos enseña que estamos anunciando la muerte de _____.

135. (Jesús) Su muerte es la base de nuestra salvación. Jesús murió por nuestros pecados. Su muerte es el tema básico del evangelio. Cuando la congregación toma la Cena "en espíritu y verdad" está predicando el

_____.

136. (evangelio) ¡Es cierto! El pan y la copa representan (entre otras cosas la muerte de _____.

137. (Jesús) El pasaje dice también, "hasta que él venga". Aquí está hablando de la segunda venida de Jesús. Debemos celebrar la Cena del Señor hasta la _____ venida de _____.

138. (segunda, Jesús) Quien instituyó la cena del Señor fue el mismo

_____.

139. (Jesús) Hay varios nombres que se usan para la Cena. Vea de nuevo el párrafo 119. Lo cierto es que Jesús está _____ en la Cena o Mesa del Señor.

140. (presente) El Apóstol Pablo recibió la enseñanza, sobre la Cena, del Señor_____.

141. (Jesús) El pasaje estudiado en 1 Corintios 11:23-26, el pan y la copa representan la _____ de _____.

142. (Muerte, Cristo) Al celebrar la Cena del Señor los creyentes proclaman la muerte del Señor hasta la _____ _____.

143. (Segunda venida)

SUGERENCIAS Y PLAN PARA ESTUDIO DE GRUPO

Lección 6: La Mesa del Señor.

PLAN

1. Comprobar que los alumnos ya estudiaron la lección o reservar tiempo para su estudio.
2. Leer pasajes bíblico relacionados con el tema.
3. Usar las siguientes preguntas y referencias para motivar el intercambio de ideas.

PREGUNTAS Y REFERENCIAS

1. ¿Cuáles son los nombres usados para la Mesa del Señor? Discutir el significado más profundo de cada uno.

2. ¿Cuál es el significado de la Cena del Señor?

3. ¿Cómo podemos los creyentes realizar (o reconocer) mejor la presencia del Señor en la Mesa?

4. ¿Cuál es el significado de Juan 4:23-24 en relación con la Mesa del Señor?

5. ¿Cuál es el significado de la última pascua?

LECCIÓN 7   **LA MESA (CENA) DEL SEÑOR**
ADVERTENCIA (1 COR. 11: 27 – 32) Y
FRECUENCIA DE CELEBRACIÓN

Al terminar esta lección Ud. deberá ser capaz de:

- Explicar la importancia de 1 Corintios 11: 27 – 32.
- Expresar claramente el privilegio que el creyente tiene de autoexaminarse.
- Exponer sus ideas sobre la Mesa del Señor como una reunión de la iglesia.
- Entender la convicción de algunos sobre la frecuencia con la que se debe celebrar la Mesa del Señor.

144.   Aún hay mucho más que se puede estudiar en estos versículos (1 Corintios 11: 23-26), pero nos quedaremos aquí y continuar hacia adelante. Los versículos 27 y 29 son una advertencia importante y seria. Dicen, "aquel que comiere … indignamente (de modo indigno) será culpado del cuerpo y de la sangre del Señor". Y, "quien come y bebe sin discernir el cuerpo, juicio come y bebe para sí". Estos versículos son una seria _____.

145.   (advertencia) Algunos de los corintios estaban tomando la Cena indignamente y sin discernimiento. Fueron hallados culpables y dignos de juicio. Los creyentes carnales de la iglesia de Corinto tomaban la Cena indignamente. Fueron hallados _____.

146   (culpables) El resultado de su comportamiento, pecado y falta de espiritualidad se halla en el versículo 30, "… enfermos y debilitados, y

algunos duermen." Puede ser que estas palabras se refieren a los estados físicos – debilitados, enfermos y muertos! (el pecado trae la muerte). Pero es más seguro que se refieren a los estados espirituales: espiritualmente flacos, espiritualmente enfermos, espiritualmente dormidos. Entre los corintios hubieron creyentes " _____ y _____ y no pocos que_____.

147. (debilitados, enfermos, duermen) ¿Qué se debe hacer entonces? Los verículos 28, 31, 32 nos muestran verdades y privilegios preciosos. Tomar la Cena y así expresar nuestra comunión y unión con Cristo, recordar su muerte, y nuestro discernimiento de su cuerpo es un acto muy serio. Por eso el Apóstol escribió, "examínese, pues, cada uno a sí mismo." Es una obligación y resposabilidad de cada creyente

_____.

148. (examinarse) El creyente debe examinarse antes de tomar la Cena del Señor. En 11:31 leemos, "Si nos juzgásemos a nosotros mismos". Las dos palabras usadas son _____ y

_____.

149. (examinar, juzgar) El creyente tiene el deber o privilegio de examinarse y juzgarse a sí mismo para ver si hay algún pecado en su vida: orgullo, fingimiento, inmoralidad, espíritu de crítica, envidia, celo, mentira, robo, odio o resentimiento contra otro hermano, etc. El creyente debe juzgar el pecado y confesarlo antes de tomar la Cena. (Vea 1 Juan 1:9 y 2:1) El creyente tiene el privilegio de _____ y

_____.

150. (examinarse, juzgarse).

151. Pablo escribe "Y coma así del pan y bebe de la copa". Es juzgar el mal para luego volver a la plena comunión con Cristo y los hermanos. Sí, el creyente debe mantener comunión con _____ y con los _____ en Cristo.

151. (Cristo, hermanos) Se expresa esta comunión celebrando la _____ del _____.

152. (Cena, Señor) La promesa para el creyente que se juzga a sí mismo es "no seremos juzgados". El creyente que se juzga a sí mismo no es

_____.

153. (juzgado) Pero cuando no nos juzgamos entonces el Señor tiene que disciplinarnos como hijos: "Mas siendo juzgados somos castigados por el Señor". El Señor nos ama y por eso nos _____.

154. (disciplina) El propósito de esta disciplina es "para que no seamos condenados con el mundo". (Vea Romanos 8:1) El creyente debe _____ y _____ a sí mismo antes de tomar la Cena.

155. (examinarse, juzgarse) Este es un gran

_____ y bendición.

156. (privilegio o responsabilidad) Hemos considerado la tercera actividad de la iglesia, "el partir el pan". Ahora queremos estudiar la pregunta: ¿Con qué frecuencia debemos celebrar la Cena del Señor? La pregunta que vamos a considerar es con qué _____ debemos celebrar la _____ del Señor.

37

157. (frecuencia, Cena) ¿Debemos celebrar la cena del Señor todos los meses, cada tres meses, una vez por año, o cada semana? Depende mucho si consideramos la Cena del Señor como una reunión de la iglesia o sólo como una fiesta espiritual importante que celebramos de vez en cuando. ¿Era una reunión de la iglesia en los tiempos apostólicos? Vamos a considerar si la Cena es una _____ de la _____ o una _____ de vez en cuando.

158. (reunión, iglesia, celebración) El apóstol Pablo expresa la reunión de la iglesia de esta forma: "cuando os reunís en la iglesia", (1 Co. 11:18); "cuando, pues, os reunís en un mismo lugar", (1 Co. 11:20). "¿Qué, pues, hermanos ¿Cuando os reunís, uno tiene salmo, otro doctrina, otro revelación, aquel otro lengua, y otro interpretación de lenguas. Sea todo hecho para edificación." (1 Co. 14:26) La frase que se repite es "_____ os _____."

159. (cuando, reunís) Tener una reunión de creyentes para ejercer los dones de 1 Corintios 12 y 14 es en la base del amor de 1 Corintios 13. Pablo dice (en el párrafo anterior) "Sea todo hecho para _____."

160 (edificación) En ese tiempo también celebraban la Cena del Señor. Parece que las enseñanzas de 1 Corintios 10:14 – 22 y 1 Co. 11,12,13,14, están en el contexto de la Cena del Señor como la reunión principal de la iglesia. Parece que la Cena del Señor es una _____ de la _____.

161. (reunión, iglesia) La reunión principal de la iglesia –la reunión de adoración-- es la _____ del _____.

162. (Cena, Señor) Si la Mesa (Cena), del Señor es una reunión. ¿Con qué frecuencia debemos celebrarla? En Hechos 2:46 leemos, "... partían el pan en las casas, y comían juntos con alegría y sencillez de corazón." Si este "partir el pan" es la Cena del Señor, entonces parece que la celebraban casi todos los días. Posiblemente en el principio celebraban la Cena del Señor casi _____ los _____.

163. (todos, días) En Hechos 20:7 leemos, "En el primer día de la semana, estando nosotros reunidos con el fin de partir el pan." (vs. 11. "partir el pan y comer") En este pasaje los creyentes de Troas celebraban la Cena del Señor con el Apóstol _____.

164. (Pablo) Celebraban esta reunión de adoración en el _____ día de la _____.

165. (primer, semana) El primer día de la semana es _____.

166. (domingo) Aunque este versículo no dice con qué frecuencia celebraban la Mesa del Señor, por lo menos dice que se reunían con el fin de _____ el _____ el _____ día de la _____.

167. (partir, pan, primer, semana) En Juan 20:19 y 26 hallamos estas palabras, "Al caer la tarde de aquel día, el primero de la semana... vino Jesús, y puesto en medio, les dijo: Paz a vosotros... Ocho días despúes, estaban otra vez sus discípulos dentro ... llegó Jesús..." Después de Su

resurrección Jesús aparece a sus discípulos <u>dos domingos seguidos</u>.

Jesús vino el _____ día de la _____

y también _____ días después.

168. (primer, semana, ocho) Ahora, este hecho no tiene nada que ver con la Cena del Señor precisamente. Sólo queremos notar que Jesús estaba con los suyos, dos domingos_____ y que tuvieron comunión y alegría juntos.

169. (seguidos) Otro pasaje importante sobre el asunto de la frecuencia en tomar la Cena del Señor es 1 Co. 11:26, "Porque <u>todas las veces</u> que comiereis este pan y bebiereis esta copa". Aquí notamos que no dice cuántas veces mas dice " _____ las _____."

170. (todas, veces) Según este pensamiento hay mucha libertad en cuanto a la frecuencia. "Todas las veces" puede ser muchas veces o cada vez pero expresa la idea "frecuentemente". El pasaje expresa que debemos celebrar la mesa del Señor _____.

171. (frecuentemente) Vamos a notar algo de esta frecuencia en la historia de la iglesia. Hay un escrito del segundo siglo que se llama, <u>La Enseñanza de los Doce Apóstoles.</u> En este escrito dice que celebraban la Cena del Señor "todos los días del Señor". En la iglesia primitiva hay evidencia que tomaban la Cena "_____ los _____ del _____" o cada semana (domingo).

172. (todos, días, Señor) En la historia de los grupos que buscaban la simplicidad de la Palabra de Dios, comenzaron celebrando la Mesa del Señor cada domingo. Citamos los siguientes grupos: Bautistas,

Metodistas, Presbiterianos, Valdenses, los Hermanos Libres. Hay evidencia histórica de grupos que celebraban la mesa del Señor cada_____.

173. (semana o domingo) En las enseñanzas de Juan Wesley hallamos que él celebró la Cena personalmente cada tres días y enseñó a sus seguidores que debe ser cada semana. Juan Wesley enseñó que la Cena del Señor debe ser celebrada cada _____.

174. (semana) Juan Calvino enseño que la Cena debe ser celebrada por lo menos una vez por semana. Según él la comunión debe ser celebrada por lo menos _____ semana.

175. (cada) ¿Cuál entonces es nuestra conclusión? La conclusión es que la Mesa / Cena del Señor es una reunión de la iglesia (La reunión de adoración) y que debe ser celebrada cada semana. La Mesa del Señor es una _____ de la _____.

176. (reunión, iglesia) La Mesa del Señor debe ser celebrada por lo menos cada _____.

177. (semana) Esto, por supuesto, no sugiere o significa que los que celebran la Cena del Señor una vez por mes o menos frecuente, no están "adorando al Señor" en ese tiempo. Están obedeciendo la palabra, "... todas las veces..."

SUGERENCIAS Y PLAN PARA ESTUDIO DE GRUPO

Lección 7: La Mesa del Señor: Advertencia y Frecuencia.

PLAN

1. Comprobar que los alumnos ya estudiaron la lección o reservar tiempo para su estudio.
2. Leer pasajes bíblicos relacionados con el asunto o tema.
3. Usar las siguientes preguntas para motivar el intercambio de ideas.

PREGUNTAS:

1. ¿Cuál es la importancia para el creyente de examinarse a sí mismo, antes de tomar la Cena del Señor?

2. ¿Qué privilegio tiene el creyente que el incrédulo no tiene?

3. La Mesa del Señor, ¿es una celebración que se hace de vez en cuando ó es una reunión de la iglesia? ¿Qué piensa Ud. ?

4. ¿Con qué frecuencia debemos celebrar la Cena del Señor?

LECCIÓN 8   LA REUNIÓN DE ORACIÓN

Al terminar esta lección Ud. debe ser capaz de:

- Explicar la importancia de la reunión de oración de la iglesia.
- Dar unos pensamientos sobre enseñanza de Jesús acerca de la oración.
- Mostrar a otros el lugar de oración en la iglesia primitiva.

178.   Hemos estudiado la perseverancia de la iglesia en Jerusalén como un ejemplo de iglesia local. La Escritura en Hechos 2:42 dice, " Y perseveraban en la doctrina de los apóstoles y la comunión, en el partimiento del pan y en las _____.

179.   (oraciones) La oración es una de las cosas más importantes de la vida del creyente, y en la vida de la iglesia local. El creyente que no ora será debil. La iglesia que no ora será también_____.

180.   (debil) Notamos que en la iglesia de Jerusalén "perseveranban... en las

_____.

181.   (oraciones) Vamos ahora a estudiar la importancia de la reunión de oración en la vida de la iglesia. Sería bueno primeramente volver a las palabras del Señor Jesús en Mateo 18:15-20. En el versículo 17 tenemos que la palabra "iglesia" se repite dos veces. En el contexto entonces, habla con respecto a la _____.

182.   (iglesia) Esta es la iglesia local en oración. Leemos en los versículos 19 y 20, "En verdad también os digo que, si dos de entre vosotros, sobre la

tierra, se pusieren de acuerdo con respecto de cualquier cosa que pidieren, les será concedido por mi Padre que está en los cielos. Porque donde están dos o tres reunidos en mi nombre, allí estoy yo en medio de ellos." Ya hemos vistos (Lección 2, párrafos 27-30) que estos versículos están hablando de la _____ _____ en _____.

183. (iglesia, local, oración) También en el versículo 20 hemos notado la promesa de la _____ de _____.

184. (presencia, Jesús) Esta presencia de Jesús está en la verdadera reunión de _____.

185. (oración) Jesús está presente en la verdadera reunión de oración. Citamos las palabras de Alejandro R. Hay (Noticiero Evangélico, Agosto de 1974, pp 117): "Él mismo está presente en medio con todo Su poder, sabiduría, autoridad divina y absoluta ... Él está presente con aquellos que estando reunidos en Su nombre, como una iglesia que está funcionando, aunque sólo sean dos o tres". Ahora vamos a notar la palabra "porque". Esta palabra se refiere al versículo 19 donde hallamos los dos o tres de acuerdo en oración. Estos dos o tres representan _____ _____ _____ más simple y no cualquier dos en cualquier lugar.

186. (la, iglesia, local) Aquí notamos la iglesia local en oración, unánime ("de acuerdo") El acuerdo aquí no es mayoría de votos, sino la unanimidad juntos de todos los miembros de la iglesia. La iglesia local debe tener _____ en la oración.

187. (unanimidad) Este "concordar" o estar unánimes "con respecto a cualquier cosa que pidieren" es possible porque Jesús está

_____.

188. (presente) La iglesia local está de acuerdo con el Señor Jesús que está en medio de ellos. Está de acuerdo con la voluntad de Dios. Los dos o tres (como iglesia más simple) estan de acuerdo con la _____ de Dios.

189. (voluntad) Hay también en el versículo 19 una gran promesa. En la promesa de la respuesta a las oraciones de la iglesia local. Se expresa en las palabras: "les será concedida por _____ _____ que está en los _____.

190. (mi, Padre, cielos) ¡Qúe bendición! Cuando estamos reunidos juntos y unánimes con Cristo en oración, el Padre nos concede nuestras peticiones. La iglesia en oración tiene la promesa de la _____ del _____.

191. (respuesta, Padre) Queremos notar algunas otras palabras del Señor Jesús sobre la oración. Por ejemplo en Juan 14:13,14 Jesús dice, "Y todo cuanto pidiéreis en mi nombre, lo haré, para que el Padre sea glorificado en el Hijo". "Si algo pidiere en mi nombre, yo lo haré". Cuando oramos debemos pedir en el nombre de_____.

192. (Jesús) Sí. Debemos orar en el nombre de Jesucristo. Dos veces hallamos la promesa de Jesús, "yo lo _____."

193. (haré) El propósito de orar en el nombre de Jesús es, "a fin de que el
_____ sea _____ en el Hijo".
(Vea también Juan 16:23, 24)

194. (Padre, glorificado) Vamos a hacer una lista de las <u>condiciones</u>
necesarias para que el creyente o la iglesia, reciba la respuesta de sus
oraciones:

   1. El creyente debe permanecer en Cristo. (Juan 15:7)
   2. Debe estar andando de acuerdo a la Palabra de Dios. (1Juan 3:22)
   3. Su oración debe ser de acuerdo a la Palabra de Dios. (Mateo 22:29)
   4. Su oración debe ser de acuerdo a la voluntad de Dios. (1 Juan 5:14,15)
   5. Depende de la actitud hacia los que le rodean. (Mato 5: 23,24; Marcos 11:24; 1Timoteo 2:8)
   6. Su oración debe ser "en el Espíritu". (Efesios 6:18; Judas 20; Rom. 8: 26,27).
   7. Debe orar con fe –fe dada por el Espíritu para aquellos que están en la voluntad de Dios—. (Marcos 11:24; 1 Co. 12:9; Santiago 1:7 –8)

   Para recibir respuesta a nuestras oraciones hay ciertas
   _____.

195. (condiciones) Vamos a ver algo sobre la iglesia primitiva en oración. En
un sentido real y verdadero la iglesia comenzó en una reunión de oración.
En hechos 1:13, 14 y 2: 1- 4, leemos: "Y entrados, subieron al aposento
alto, donde moraban ... todos estos perseveraban unánimes en oración
... cuando llegó el día de Pentecostés, estaban todos unánimes juntos. Y
de repente vino del cielo un estruendo como de un viento recio que
soplaba, el cual llenó toda la casa donde estaban sentados; ... y fueron

todos llenos del Espíritu Santo…" En un sentido real y verdadero la iglesia comezó en el día de Pentecostés en una _____ de _____.

196. (reunión, oración) ¿Acertó? Sí. La iglesia comenzó en una reunión de oración. Pero, ¿Continuó orando?. Ya vimos en Hechos 2:42 que sí. "Perseveraban… en las oraciones." La iglesia primitiva continuaba en_____.

197. (oración) Pero, ¿Cómo va la iglesia a enfrentar sus problemas? Un problema que surgió luego fue el de persecución. Pedro y Juan cayeron presos y les fue prohibido que volvieran a hablar en el nombre de Jesús. Notamos lo que pasó, (4:23, 24) "Una vez sueltos, vinieron a los suyos y contaron todo lo que los principales sacerdotes y los ancianos les habían dicho. Y ellos, habiéndolo oído, alzaron <u>unánimes</u> la voz a Dios … ". Cuando hubo un problema con los hermanos de la congregación o con el testimonio, los hermanos se reunían para _____ _____ _____.

198. (orar u oración) Notamos también en el versículo 24, "habiéndolo oído, _____ levantaron la voz".

199. (unánimes) Una iglesia teniendo un problema cualquier que éste fuese, debe reunirse para orar. Y ¿Cuál fue el resultado de esta unanimidad en oración? En 4:31 leemos, "Cuando hubieron orado, el lugar en que estaban congregado tembló; y todos fueron llenos del Espíritu Santo, y hablaban con denuedo la Palabra de Dios." Dios dio una respuesta maravillosa a sus _____.

200. (oraciones) En Hechos 12:5, Pedro fue preso de nuevo "mas la iglesia
      hacía oración, sin cesar, a Dios por él". Podemos decir que cuando
      cualquier hermano está en cualquier peligro, la iglesia debe
      _____ por él.

201. (orar) La iglesia estaba creciendo y expandiéndose no sólo entre los
      judíos sino también entre los gentiles. "Había entonces en la iglesia que
      estaba en Antioquía, profetas y maestros … ministrando éstos al Señor, y
      ayunando, dijo el Espíritu Santo: Apartadme a Bernabé y a Saulo para la
      obra a que los he llamado. Entonces, habiendo ayunado y orado, les
      impusieron las manos y los despidieron" (Hechos 13: 1 – 3) Notamos otro
      caso de oración. Cuando la iglesia estaba creciendo y Dios quiso usar
      ciertos miembros para expandir la obra, reveló Su voluntad y llamó a
      todos en _____.

202. (oración) Estos hermanos eran sinceros y serios. La Palabra dice que no
      sólo oraban sino también _____.

203. (ayunaban) Sí. A veces es necesario que la iglesia pase tiempo en
      oración y ayuno para buscar y hacer la voluntad de Dios. Realmente
      todas las actividades de la congregación deben ser hechas con mucha
      _____.

204. (oración) Más tarde cuando Pablo estaba viajando y predicando el
      evangelio y las congregaciones fueron establecidas, había necesidad de
      líderes en las iglesias. ¿Qué hicieron? En Hechos 14:23 leemos, "Y
      constituyeron ancianos en cada iglesia, y habiendo orado con ayunos, los
      encomedaron al Señor, en quien habían creído." En la elección de los
      cargos en las congregaciones locales hay necesidad de mucha
      _____.

205. (oración) Es verdad. En todas las decisiones, la congregación debe tener unanimidad en oración. Vamos a notar sólo otros tres pasajes sobre la oración. Uno lo encontramos en Hechos 20:36; Pablo está con los presbíteros de la iglesia de Efeso y está despidiéndose de ellos por última vez, todos se hallaban tristes mas leemos, (Pablo) "Cuando hubo dicho estas cosas, se puso de rodillas, y oró con todos ellos." (Vea también 21:5) En tiempos difíciles y emotivos los hermanos oraban juntos. Todos nosotros necesitamos la bendición de Dios al orar juntos en tiempos _____ y _____ como las despendidas.

206. (Difícles y emotivos) Otro pasaje muy importante es Santiago 5:13 – 17. Lea en su Biblia. En estos versículos ¿Cuántas veces encuentra la palabra "oración" u "orar"?

   A. 3 veces
   B. 4 veces
   C. 5 veces
   D. 6 veces

207. (D) Un ejemplo de un hombre que oró con fe e insistencia es

   _____.

208. (Elías) Hay mucha enseñanza en este pasaje que no podemos considerar ahora, mas una pregunta. ¿Qué debe hacer un enfermo de la congregación? Note el versículo 14. El debe _____ a los _____ de la _____.

209. (llamar, ancianos, iglesia) En estos versículos entonces cuando hay sufrimiento (vs. 13), enfermedad o dolencia (vs. 14) o pecado (vs. 16); los hermanos de la iglesia necesitan hacer_____.

210. (oración) Ahora todos nosotros sabemos que la oración es un campo de batalla. Como creyentes individuales y como congregación no dedicamos muchas veces suficiente tiempo en oración. Mas Pablo nos enseña la importancia de vencer esta batalla. Leemos en Efesio 6: 18-19, "Con toda oración y súplica, orando en todo tiempo en el Espíritu, y velando con toda perseverancia y súplica por todos los santos, y también por mí; para que me sea dada, al abrir mi boca, palabra para dar a conocer con denuedo el misterio del evangelio." ¡Qúe pasaje maravilloso e instructivo! Vea si Ud. puede escribir las palabras que faltan. Sólo el versículo 18:

"toda _____ y _____"
"todo _____ en el _____."
"toda _____ y súplica"
"Todos los _____"

211. (oración, súplica; tiempo, Espíritu, perseverancia, santos) ¿Acertó? ¡Bien hecho! La iglesia de Jerusalén perseveraba en las

_____.

212. (oraciones) La iglesia local necesita mantener su _____ de _____.

213. (reunión, oración) En la reunión de oración está la promesa de la _____ de Jesús.

214. (presencia) La palabra "acordaron" expresa el pensamiento que la iglesia local debe tener _____ en oración.

215. (unanimidad) La iglesia está manteniendo o buscando unanimidad con la _____ de Dios.

216. (voluntad)

SUGERENCIAS Y PLAN PARA ESTUDIO DE GRUPO

Lección 8: La reunión de oración.

PLAN

1. Comprobar que los alumnus ya estudiaron la lección o reservar tiempo para su estudio.
2. Leer pasajes bíblicos relacionados con el tema.
3. Usar las siguientes preguntas para motivar el intercambio de ideas.

PREGUNTAS Y REFERENCIAS:

1. ¿Cómo se aplica Mateo 18:19, 20 a la reunión de oración?

2. ¿Cuáles son las condiciones necesarias en la vida del creyente para que reciba respuesta a sus oraciones? (Vea párrafo 194)

3. ¿Cuál es la importancia de la oración en el crecimiento de la iglesia?

4. ¿Practica su iglesia las palabras de Santiago 5:14?

5. ¿Por qué se dice que la oración es un campo de batalla?

LECCIÓN 9   EL CUERPO DE CRISTO
LAS MANIFESTACIONES DEL ESPIRITU SANTO

Al terminar esta lección Ud, deberá ser capaz de:

- Explicar algo sobre el cuerpo de Cristo y sus miembros.
- Definir los dones del Espíritu.
- Decir porqué Dios dio los dones a los miembros de la iglesia.

217. En nuestro estudio hemos dedicado mucho tiempo sobre las actividades de la primera iglesia local y sus aplicaciones a nuestros días. Hemos visto la vida de la iglesia funcionando según las normas del Nuevo Testamento. Pero la iglesia, el cuerpo de Cristo, se compone de miembros todos sacerdotes. En 1 Pedro 2:5 leemos, "vosotros también, como piedras vivas, sed edificados como casa espiritual y sacerdocio santo ..." También en el versículo 9, "Mas vosotros sois linaje escogido, real sacerdocio ..." En Apocalipsis 1:5-6 leemos lo que Jesús hizo en nuestra redención: "Al que nos amó, y nos lavó de nuestros pecados con su sangre, y nos hizo reyes y _sacerdotes_ para Dios, Su Padre". Cada miembro de la iglesia, cada creyente es un _____.

218. (sacerdote) Un sacerdote tiene privilegios y responsabilidades de ministerio y de funcionamiento. Todos los creyentes de la iglesia tienen _____ y _____ como sacerdotes.

219. (privilegios, responsabilidades) Dios hizo que los miembros del cuerpo sean interdependientes unos de otros, (vea la unidad orgánica de la iglesia en 1 Corintios 12:12-27) Como dice en el versículo 12, "Porque, asi como el cuerpo es uno, y tiene muchos miembros, y todos los

miembros, siendo muchos, constituyen un solo cuerpo, así también con respecto a Cristo". El versículo 27, "Vosotros, pues, sois el cuerpo de Cristo, y miembros cada uno en particular". En el cuerpo hay muchos

_____.

220. (miembros) Sí. Hay muchos miembros pero sólo un _____.

221. (cuerpo) Entonces cada creyente es miembro del cuerpo de Cristo, un sacerdote con privilegios y responsabilidades. Ahora Dios dio dones o manifestaciones del Espíritu para un majar funcionamiento del cuerpo. Sí. Dios dio _____ o _____
del Espíritu para que el cuerpo (la iglesia) funcione bien.

222. (dones, manifestaciones) Hay varios pasajes importantes sobre el asunto de los y ministerios y capacitaciones del Espíritu Santo en la vida de los creyentes: Ro. 12: 3-8; 1 Co. 12:1-11; 37-31; 14; Ef. 4:7–16; 1 Pe. 4: 10, 11, no pretendemos estudiar en detalle cada pasaje. Vamos primeramente sólo a ver la lista que encontramos en Ef. 4:11, "Y Él mismo constituyó a unos apóstoles, a otros profetas, otros evangelistas, y otros pastores y maestros." Haga una lista de los ministerios en este pasaje:

1. _____
2. _____
3. _____
4. _____
5. _____

223. (apóstoles, profetas, evangelistas, pastores, maestros) Estos ministerios son los ministerios (capacidades) Básicas o Fundamentales en la iglesia de Cristo. Tenemos en 1 Co. 12:28, tres de estos cinco: apóstoles,

profetas, maestros. Estos ministerios son los ministerios

_____ o _____ de la

iglesia. (Para una discusión sobre este tema vea las referencias dadas

en la primera pregunta de esta lección)

224. (básicos, fundamentales) Es importante distinguir entre los: 1) dones

espirituales 2) gracias espirituales (1 Co 13, ga. 5: 22,23) y las posiciones

o funciones espirituales, (personas) Los cinco ministerios básicos están

tratando más con las _____

espirituales.

225. (posiciones o funciones) Sí, los cinco ministerios básicos tienen que ver

más con posiciones espirituales en la iglesia. En nuestro estudio vamos a

considerar ahora más la cuestión de los dones del Espíritu. En 1 Co. 12:1

leemos, "Pero respecto a los dones espirituales, no quiero, hermanos que

seáis ignorantes". Parece que en la iglesia de los Corintios hubo

_____ en cuanto a los dones.

226. (ignorancia) Sí. Pablo escribió "… no quiero … que seáis ignorantes".

Hubo ignorancia en aquellos tiempos y también hoy hay bastante

confusión en cuanto a los dones o manifestaciones del Espíritu. No

queremos ser _____.

227. (ignorantes) Primeramente queremos notar una cosa importantísima. En

1 Co. 12:7 leemos, "Pero a cada uno le es dada la manifestación del

Espíritu para provecho". Y en Ef. 4:7, "Y la gracia fue concedida a <u>cada</u>

<u>uno</u> de nosotros según la medida del don de Cristo." Estos pasajes dicen

que la manifestación del don Espíritu (Cristo) es concedida a

_____ _____.

228. (cada uno) Cada creyente tiene un don o dones del Espíritu Santo. Estos dones son manifestaciones, funciones (Ro. 12;4) o capacidades espirituales. Todos somos miembros del Cuerpo de Cristo y la manifestación del Espíritu es concedida a _____

_____.

229. (cado uno) Vamos ahora a ver las listas dadas de los dones del Espíritu. Lea Ro. 12:3-8. ¿Ya leyó? Hallamos que la mejor manera sería hacer una lista de los dones y dar una pequeña explicación de cada uno. En el versículo 6 Pablo escribe, "teniendo diferentes dones, según la gracia que nos fue dada, si el de profecía, úsese conforme a la medida de la fe;" Este es el don de profetizar (Vea 1 Co. 14:3), el predicar el mensaje de Dios. Es la predicación de la verdad revelada en el poder y demostración del Espíritu. Y debe ser con la fe que tenemos. El primer don aquí es de

_____, _____ o

_____.

230. (profecía, profetizar, predicar) En el versículo 7 leemos "o si de servicio, en servir". Este servicio puede ser espiritual o material. Sin duda algunos van a decir que este es un "ministerio" en el sentido profesional. Mas en el contexto de los dones no tiene este sentido. Si es material el servicio es efectuado bajo la dirección del Espíritu Santo. (Para ver el espíritu de servicio en la vida de Jesús vea Marcos 10:45) El Segundo don aquí es el de _____.

230. (servicio) Sí. El ministerio de servir a otros es del Espíritu Santo. El tercero lo hallamos también en el versículo 7, "o el que enseña, en la enseñanza;" Este es el don de enseñar la Palabra de Dios, la enseñanza de las cosas del Espíritu con la sabiduría y la luz que el Espíritu da. Si

alguien tiene este don debe dedicarse (esmerarse) en ejercerlo. Este don de _____ es muy importante en la iglesia.

232. (enseñar) En el versículo 8 tenemos el cuarto don en este pasaje, "el que exhorta, en la exhortación." Este es el don de paracleto o de animar a otros. Es un don muy necesario y delicado. Dar consejos, consolación y también represión tiene que ser inspirado por el Espíritu Santo, manifestando el amor puro y la sabiduría de Cristo. Si Ud. hermano(a) tiene este don, ejérzalo con cuidado. El don de dar consejos, etc. es el don de_____.

233. (exhortar) El próximo don (No. 5) es "el que reparte, con liberalidad" o generosidad. Otro pensamiento es, "Quien comparte con otros lo que tiene". Este es el don de dar. Todo creyente debe dar bajo la dirección del Espíritu. Puede ser que algunos tienen más que otros el don especial de contribuir con liberalidad. Este es el don de

_____.

234. (dar o repartir) Otro don en versículo 8 es "el que preside, con solicitud", cuidado o seriedad. Otras palabras que nos ayudan a comprender este don son: gobernar, tener autoridad o capacidad administrativa. Este don de presidir o gobernar también debe ser bajo la dirección y control del Espíritu. ¡Cuán necesarios son estos dones! Muy importante es el don de _____ o _____.

235. (presidir o gobernar) Otro don aquí es, "el que hace misericordia, con alegría." Este don es de mostrar actos de amor, consolar a los entristecidos y ayudar a los otros manifestando el amor de Cristo por el Espíritu. Cuántas veces hacemos estas cosas por deber y no "con

alegría". Qué don precioso es el don o manifestación de

_____.

236. (misericordia) ¡Bien! Aquí en Romanos notamos siete dones. Ahora
vamos a 1 Co. 12: 7-11. Ya hemos visto que cada creyente tiene el don y
es su deber/ obligación ejercer su don. En el versículo 8 leemos, "porque
a éste es dada por el Espíritu palabra de sabiduría; a otro, palabra de
ciencia según el mismo Espíritu". Aquí tenemos dos dones. Vamos a
considerar el primero. Este es el mensaje de sabiduría dado por el
Espíritu. Es "claridad en la declaración de las verdades espirituales
reveladas". (A. Hay) Parece que no hay muchos que tienen el don de
_____ o _____.

237. (palabra, sabiduría) Otro don aquí es "palabra de sabiduría o
conocimiento". Un pensamiento aquí, es que la persona es apta para
estudiar y enseñar. Alejandro Hay dice que es la "aplicación de la verdad
espiritual, las experiencias prácticas en la vida bajo la inspiración del
Espíritu". Entonces la diferencia de los dos parece que el primero es la
declaración de la verdad y el otro es la aplicación de la verdad. Los dos
tienen que ser bien ligados al don de enseñar. Este don es la
_____ de _____ / _____.

238. (palabra, sabiduría / conocimiento) En el versículo 9 leemos, "a otro, fe
por el mismo Espíritu; y a otro, dones de sanidades por el mismo
Espíritu." Vamos a considerar el don de la fe. Este no es la fe salvadora
que todos los verdaderos creyentes poseen y que reciben de Dios. (Ef. 2:
8,9). Este es una fe especial dada por el Espíritu conforme a la palabra
de Dios y su voluntad. Un ejemplo en la vida actual sería la fe de Jorge
Mueller de Inglaterra o de Hudson Tayloy, misionero en la China. Pero
sin duda hay muchos otros que tienen este don. En el cuerpo de Cristo

hay necesidad de que todos los dones se manifiesten incluído el don de la

_____.

239. (fe) Otro don en el versículo 9 es "don de sanidad" a los enfermos.
Nosotros sabemos que "Dios usa las dolencias y cura en su plan para el
bien espiritual del creyente" (Kaller). Y este don de sanidad es efectuado
por el poder de Dios en respuesta a la fe según Su voluntad. El orden
bíblico en cuanto a la enfermedad se halla en Santiago 5:14, "¿Está
alguno de vosotros enfermo? Llame a los ancianos de la iglesia...".
Importante en la iglesia es "el _____ de _____.

240. (don, curar) Ahora en el versículo 10 hallamos cinco dones más.
Leemos, "A otro, el hacer milagros; a otro, profecía; a otro discernimiento
de espíritus; a otro, diversos géneros de lenguas; y a otro, interpretación
de lenguas". ¡Milagros! En la iglesia primitiva hubieron muchos milagros
hechos por los apóstoles. Es una "intervención directa del poder Divino
en respuesta a la fe que es dada por el Espíritu Santo para lo que es de
acuerdo a la voluntad de Dios" (Hay). Sin duda la necesidad de este don
depende mucho de las condiciones de la sociedad y del plan y los
propósitos de Dios. El primer don de este versículo es
_____ de_____.

241. (operación, milagros) Otro don a considerar es el de "discernimiento de
espíritus" o capacidad de saber la diferencia entre los dones que vienen
del Espíritu, y los que no. Es discernir si son espíritus malos o el Espíritu
de Dios. Un don que parece muy necesario en nuestros días es el don de
_____ de _____.

59

242.   (discernimiento, espíritu) Los oros dos dones que tenemos que considerar al tratan la cuestión de lenguas. (vea pregunta No. 2 en la sección Preguntas y Referencias). El primero es "variedad de lenguas" o lenguas extrañas. Estos son idiomas vivos como fueron expresados en el día de Pentecostés como señal a los incrédulos. Tienen el propósito de llevar el mensaje de Dios. En el día de Pentecostés fueron lenguas conocidas. No hay evidencia ninguna de lenguas: "exóticas". El don que se evidenció más en el día de Pentecostés fue _____

de _____.

243.   (variedad, lenguas) El don que es "compañero" de "variedad de lenguas" es "capacidad para interpretarlas". "Ahora, la interpretación no es necesariamente que el intérprete no sepa el idioma o lengua pronunciada o que la interpretación es desconocida por el intérprete. Una aplicación presente se expresa en estas palabras de A. Hay, "Guía dada por el Espíritu para la interpretación o traducción de la Palabra de Dios, sea en forma escrita o hablada, de un idioma a otro". (Vea párrafo 3 de Preguntas y Referencias). El don que es "compañero" de diversidad de lenguas es _____ para _____.

1 Corintios 14 nos enseña en detalle cómo usar estos dones. (Vea pregunta No. 2 en la sección de Preguntas y Referencias).

244.   (capacidad, interpretarlas) En esta lista en Corintios hay nueve dones mencionados. (Vea también 1 Pedro 4: 8-11). Uno se repite en Romanos, el de profecía. Tomando las dos listas hay como quince dones o manifestaciones del Espíritu. Pablo nos enseñó que hay por lo menos _____ dones para ser usados.

245.   (quince) ¿Pero cúal es el fin o propósito de los dones? Pablo nos enseña que son "buscando un fin provechoso" o para bien de todos.

También usa la palabra "edificación". Los dones son para el provecho o bien, la edificación de cada creyente o crecimiento de la iglesia. ("Para que la iglesia reciba edificación".) Vea esta palabra en 1 Co. 14:12, "Asi, también vosotros; pues que anheláis dones espirituales, procurad abundar en ellos para edificación de la iglesia." Si. El propósito de los dones es el _____ o _____, y la _____ de la iglesia.

246. (provecho, bien, edificación) La iglesia de Cristo y todos sus miembros son _____ con privilegios y responsabilidades. (Vea párrafo 217)

247. (sacerdotes) En la iglesia, el cuerpo de Cristo, hay muchos _____.

248. (miembros) Para el mejor funcionamiento de la iglesia Dios dio _____ o _____, _____ o _____ del Espíritu Santo. (Vea párrafos 221/222)

249. (dones, manifestaciones, ministerios, capacidades) En sus propias palabras, ¿Por qué nos dio Dios los dones del Espíritu? _____ _____.

250. (Para que la iglesia funcione mejor o para el provecho, bien, y la edificación de la iglesia o para el bienestar de la iglesia y su crecimiento o palabras semejantes)

SUGERENCIAS Y PLAN PARA ESTUDIO DE GRUPO

Lección 9: Los dones o manifestaciones del Espíritu

PLAN

1. Comprobar que los alumnus ya estudiaron la lección o reservar tiempo para su estudio.

2. Leer pasajes bíblicos relacionados con el tema.

3. Usar las siguientes preguntas para motivar el intercambio de ideas.

PREGUNTAS Y SUGERENCIAS

1. ¿Cuáles son los ministerios básicos y cuál es su importancia en la iglesia?

2. ¿Cuáles son los dones del Espíritu? ¿Cuál es su don o dones (sus propios dones)?

3. ¿Cuál es el propósito de los dones?

LECCIÓN 10   OFICIOS O POSICIONES EN LA
CONGREGACION LOCAL: ANCIANOS
(PRESBITEROS, OBISPOS, PASTORES) Y DIACONOS

Al terminar esta lección Ud. debéra ser capaz de:

- Decir las dos posiciones oficiales en la iglesia local
- Dar otros nombres para ancianos
- Explicar algo de la pluralidad de ancianos y diáconos
- Verificar el ministerio del diácono

251. Hemos estudiado en cuanto a los miembros del cuerpo de Cristo, los miembros de la iglesia local, y el hecho de que cada miembro tiene un don o dones que debe usar para la edificación del cuerpo. En la organización de la iglesia local la Biblia también nos enseña que hay "oficiales" Los dos oficiales en la iglesia local son el presbítero y el diácono. Vamos ahora a estudiar sobre los _____ de la iglesia.

252. (oficiales) En el gobierno de la iglesia local hay dos puestos o posiciones: Los _____ y los _____.

253. (ancianos, diáconos) Vamos a considerar primeramente los ancianos. Hay otras tres palabras halladas en el Nuevo Testamento: presbítero, obispo, pastor. ¿Son cuatro personas diferentes? Sólo para identificar estos nombres vamos a notar los versículos en Hechos 20:17 y 28, " De Mileto mando llamar a los presbíteros de la iglesia... (los ancianos – Biblia Revisada)... mirad por vosotros, y por todo el rebaño en que el Espíritu Santo os ha puesto por obispos para apacentar (pastorear) la iglesia del Señor, la cual él ganó con su sangre." Los nombres citados arriba son:

63

_____ , _____ ,
_____ , y _____ .

254. (presbíteros, ancianos, obispos, pastores) En el contexto y en otros
      pasajes biblicos parece bien establecido que estas personas o nombres
      significan la misma persona, una sola persona. Los cuatro nombres:
      presbíteros, ancianos, obispos, pastores se refieren a una
      sola_____ .

255. (persona) Sí. Es evidente que estos no son cuatro personas diferentes o
      posiciones diferentes. Más bien indican que son diferentes funciones o
      responsabilidades de la misma posición o puesto. Los primeros dos
      nombres son _____ y _____ .

256. (presbítero, anciano) Parece que estos nombres indican el puesto o lugar
      del ministerio de la persona. La persona es _____
      o _____ .

257. (presbítero, anciano) Sí. La persona es presbítero o anciano. Ahora su
      ministerio o responsabilidad es como obispo (supervisor, vigía y pastor)
      que guía y cuida el rebaño. El ministerio o deber del presbítero es como
      _____ y _____ . (Nota: las palabras
      "constituir obispos, puede aparecer como "puesto con el fin de")

258. (Obispo, pastor) Ya que estamos aquí en el versículo 28 vamos a notar
      dos cosas preciosas e importantes. El versículo dice, "Mirad por vosotros
      y por todo el rebaño sobre el cual el Espíritu Santo os ha constituído
      obispos". Quien constituyó o apartó estos hombres para sus posiciones
      de responsabilidad fue el _____ .

259. (Espíritu Santo) Sí. ¡Qué importante es este concepto! Es el Espíritu Santo que prepara y llama a los hombres para su ministerio. La elección es de Él y no de los hombres, para que los otros creyentes (la iglesia) puedan reconcerla llamada y la preparación. Vamos a recordar que la llamada verdadera para ser presbítero es del _____

_____.

260. (Espíritu Santo) Es verdad. El Espíritu Santo es soberano en escoger sus oficiales en el cuerpo de Cristo. Otra cosa aquí son las palabras, ".. la iglesia de Dios, la cual Él compró con su propia sangre". Aquí tenemos el valor de la iglesia a los ojos de Dios. Él compró Su pueblo con precio altísmo de Su _____ _____.

261. (propia, sangre) ¡ Qué maravilloso! ¡Dios compró con Su propia sangre! ¡Debemos tener y sentir mucha gratitud! ¡Qué responsabilidad tienen los líderes de la iglesia! Dios ama a la iglesia (Su pueblo) porque la compró con_____ propia _____.

262. (Su, sangre) Ahora en el versículo 17 ya notamos "...mandó...llamar a <u>los presbíteros</u> de la iglesia." "presbíteros" está en plural (más de uno). Estudiemos el concepto de pluralidad de los ancianos (presbíteros, obispos, pastores). Lea Filipenses 1:1, "Pablo y Timoteo, siervos de Cristo Jesús, a todos los santos en Cristo Jesús, con los <u>obispos</u> y <u>diáconos</u> que viven en Filipos". Las palabras subrayadas son (señale una).

A. _____ en singular
B. _____ en plural

263. (B) Sí, están en plural, lo que significa que hubo más de un obispo y diácono. En Hechos 14:23 leemos, "Y constituyeron <u>ancianos</u> en cada iglesia". La palabra subrayada está en (señale una).

A. ____singular
B. ____plural

264. (B) Lea Tito 1:5, "Por esta causa te dejé en Creta para que corrigieses lo deficiente, y establecieses <u>ancianos</u> en cada ciudad…" La palabra subrayada está en (señale una).

243. _____ singular
244. _____ plural

265. (B) Sí, en plural. No existe evidencia ninguna en el Nuevo Testamento de tener sólo un presbítero (anciano, obispo, pastor) sobre una iglesia local. Hubo siempre una pluralidad. Es el orden bíblico. ¡Y sin duda hay muchas razones para ello! En la sabiduría de Dios hay una protección contra muchos abusos que pueden surgir en tener sólo una persona como autotidad en la congregación. En la iglesia local siempre hubo una _____ de ancianos y diáconos.

266. (pluralidad) En la organización de la iglesia local hay dos posiciones: los _____ y los _____.

267. (ancianos, diáconos) Los otros nombres usados para los ancianos son:

_____, _____, _____.

268. (presbíteros, obispos, pastores) Hubo siempre una pluralidad de pastores en la iglesia local. Vamos ahora a considerar la Segunda posición en la iglesia, la del _____.

269. (diácono) Ya hemos visto que en la iglesia local hubo pluralidad de diáconos. Comúnmente se dice que el ministerio del anciano es espiritual y el del diácono es material. Se hace esta distinción de Hechos 6:2,4 en las siguientes palabras, "No es justo que abandonemos la palabra de Dios para servir a las mesas ... y, en cuanto a nosotros nos consagraremos a la oración y al ministerio de la palabra". Vamos ahora a considerar el ministerio del _____.

270. (diácono) Vamos a leer el pasaje en Hechos 6:1-7. ¿Ya leyó? ¡Qúe linda porción! ¿Cuál es el título en su Biblia para esta porción? La _____ de _____.

271. (institución, diáconos) Ahora un problema es que la palabra "diácono" no aparece en el pasaje (algunos por eso dicen que no trata de diáconos) los editores de nuestras Biblias titularon el pasaje la _____ de _____.

272. (institución, diáconos) Otro cosa es cierta. Los hombres escogidos tuvieron un ministerio, una responsabilidad diferente a la de los apóstoles. Este ministerio era "servir las mesas" que incluía la "distribución diaria". Estas palabras parecen tratar más con cosas _____.

273. (materiales) Este pensamiento concuerda con los requisitos de obispo y diácono en 1 Timoteo 3. Allí dice que el obispo tiene que ser "apto para

enseñar" mas no tiene este requisito para diácono. Los siete hombres en Hechos 6 fueron escogidos para "_____ las mesas".

274. (sevir) Sí. Fueron elegidos para librar a los apóstoles de tareas seculares o materiales. Claro esto no quiere decir que los diáconos no tengan que ser hombres espirituales. Lea de nuevo las palabras de Hechos 6:3, "… escoged de entre vosotros siete hombres de buena reputación llenos del Espíritu y de sabiduría…" ¿Cuáles son las cualidades necesarias para ser diácono?

1. _____ _____.
2. _____ del _____.
3. _____.

275. (1. Buena reputación; 2. lleno, Espíritu Santo; 3. sabiduría) ¡Muy bien! Los diáconos tienen que ser hombres espirituales para ejercer un ministerio de _____.

276. (servicio) Hay muchas otras consideraciones importantes tales como: los requisitos de los obispos y los diáconos (1 Tim. 3: 1-13; Tito 1:5-9); los detalles y ejemplos de su ministerio; el nombramiento de ancianos y diáconos. Mas nosotros nos limitaremos a esta breve consideración. Nuestro estudio en esta lección es sobre los _____ de la iglesia.

277. (oficiales) Los dos oficiales (puestos o posiciones) son:
los _____ y los _____.

278. (ancianos, diáconos) Los otros tres nombres usados para el anciano son:

_____, _____, _____.

279. (Presbítero, obispo, pastor) Siempre hubo una _____ de ancianos en la iglesia local (vea párrafos 264 y 265).

280. (pluralidad) Estos hombres fueron escogidos por el _____

_____.

281. (Espíritu Santo) Parece que el servicio del diácono es un ministerio _____ de hombres espirituales.

282. (material)

SUGERENCIAS Y PLAN PARA ESTUDIO DE GRUPO

Lección 10: Oficiales de la Congregación Local: Ancianos y Diáconos.

PLAN

1. Comprobar que los alumnos ya estudiaron la lección o reservar tiempo para su estudio.

2. Leer pasajes bíblicos relacionados con el tema.

3. Usar las siguientes preguntas para motivar la discusión e intercambio de ideas.

PREGUNTAS Y REFERENCIAS:

1. ¿Cuál es el significado de los cuatro nombres dados para el anciano?

2. ¿Cuál es la importancia de la pluralidad de los ancianos y diáconos?

3. ¿Cuáles son los requisitos de los ancianos y diáconos según 1 Timoteo 3:1-13 y Tito 1: 5-9?

4. ¿Qúe halla Ud.? ¿Fueron Timoteo y Tito pastores de iglesias locales o misioneros (evangelistas o plantadores de iglesias) – colegas del apóstol Pablo?

LECCIÓN 11   <u>DISCIPLINA O SEPARACIÓN</u>
                                  <u>EN LA IGLESIA LOCAL</u>

Al terminar esta lección Ud. deberá ser capaz de:

- Explicar la enseñanza de Jesús en Mateo 18: 15- 20.
- Dar la razón para que la iglesia debe separarse del culpable.
- Usar mejor su responsabilidad en ayudar a un hermano extraviado.

283. Para mantener la salud en el cuerpo humano hay necesidad de
      alimentarlo y cuidarlo de las enfermedades que vienen para derribarlo.
      También en el cuerpo de Cristo, a iglesia local, hay necesidad de
      mantener la salud espiritual y estar alertas en cuanto a los peligros que
      hay. En 1 Pedro 2:5 leemos, "también vosotros mismo, como piedras
      vivas, sois edificados casa espiritual para serle sacerdocio santo..." Esta
      casa es una casa _____.

284. (espiritual) Sí. Es una casa espiritual. Es también un sacerdocio

      _____.

285. (santo) Para mantener el nivel espiritual y la santidad, la iglesia local
      tiene que cuidarse del pecado en los miembros. Lo que destruye el
      testimonio de la iglesia local es el _____.

286. (pecado) Sí. La enfermedad que derriba la vitalidad de la iglesia es el
      pecado. A veces hay hermanos, miembros de la congregación, que
      persisten en sus pecados. ¿Qué debe hacer la congregación? El tema
      de esta lección trata sobre la _____ o

      _____

en la iglesia local.

287. (disciplina, separación) Volvamos a lo que enseñó el Señor Jesús en Mateo 18:15-20. El título de este párrafo es "_____ se debe _____ a un _____ en _____".

288. (Cómo, tratar, hermano, pecado) Ya hemos estudiado este pasaje desde varios puntos de vista. Pero ahora vamos a tratar el tema mismo del párrafo: "Cómo se _____ _____ a un _____ en _____.

289. (debe, tratar, hermano, pecado) Se trata de una cuestión o caso de _____ o _____ de un hermano en pecado.

290. (disciplina, separación) Comúnmente hablamos del derecho de la iglesia de "disciplinar" a sus miembros y posiblemente sea cierto dependiendo de la definición usada; por ejemplo: "corregir defectos de carácter, tener buen orden, imponer disciplina"; mas no en el sentido de echar fuera, eliminar del cuerpo, o castigar. Realmente sólo Dios tiene ese derecho de castigar a los creyentes, sus hijos. (Heb 12: 4 –13). Nosotros vamos a usar "disciplina" en el sentido de "separación" porque sólo Dios tiene derecho de _____ a sus hijos.

291. (castigar) Sí. Dios en su amor nos disciplina. Consideremos ahora el caso en Mateo 18:15, "Si tu hermano peca (contra tí), ve y repréndele estando tú y él solos; si te oyere, has ganado a tu hermano." Primeramente notemos las palabras "contra tí" no están en los

manuscritos más antiguos. Entonces podemos leer: "Si tu hermano peca…" Ahora notamos luego la responsabilidad de cada creyente en forma individual. Si un hermano en la congregación, un miembro del cuerpo de Cristo, está viviendo en pecado y el hermano inocente sabe de esto, es su responsabiliad ir con amor y humildad y hablar con el hermano errado. En cuanto a pecado en la congregación cada

_____ tiene una responsabilidad.

292. (creyente individual) El creyente tiene una responsabilidad, " vé repréndele (corrígele) estando tú y él solos". Notamos también que en este principio hay un asunto entre dos personas en privado. No es hablar del hermano errado o otros sino con el hermano "cara a cara". Es hablar con el hermano _____.

293. (personalmente) Para ejercer este ministerio se requiere, en la vida del creyente, amor, valentía y obedicencia. Y se espera un resultado positivo: "Si te oyere, has ganado a tu hermano. Si el hermano en pecado se arrepiente y deja de pecar, ¡bueno, terminó el asunto! ¡Gracias a Dios! ¡Hubo victoria! Los dos hermanos son, otra vez, uno en Cristo. Si el hermano errado se arrepiente la Palabra dice, "

_____ a tu _____.

294. (ganaste, hermano) ¡Qúe alegría! ¡Un problema más resuelto! Claro, el deseo de todo creyente espiritual es el resultado positivo. Tristemente nuestra naturaleza humana es muy rebelde y egoísta. Por eso es difícil ser valiente en confrontar a otros. El versículo 16 comienza. "Si no te oyere". ¿Qúe hacer si el creyente inocente no puede ganar a su hermano? ¡El hermano errado persiste en su pecado! ¿Qúe hacer cuando el resultado no es positivo sino _____?

295. (negativo) Sigue el versículo "...toma aún contigo a uno o dos, para que en boca de dos o tres testigo conste toda palabra." Este concepto es del Antiguo Testamento (vea Deut. 19:15). Si el hermano inocente no tiene éxito en su deseo de ayudar al hermano en pecado, él debe tomar

_____ o _____ _____ con él para tratar el asunto.

296. (una, dos, personas) ¿Acertó? Sí. El hermano que sabe del pecado en la vida de otro tiene una _____.

297. (responsabilidad) Si él no tiene éxito solo en tratar con el hermano culpable, entonces debe llevar con él a dos miembros espirituales para apelar de nuevo con el hermano. ¡No hay duda! Dos o tres personas tienen más voz que sólo una. La palabra dice, "para que por el testimonio de dos o tres testigos, _____ _____

_____ ".

298. (conste, toda, palabra) Ahora si el culpable se arrepiente (confesando a Dios y a la persona contra quien pecó) se acabó la cuestión. ¿Pero si no se arrepiente? Lea el versículo 17, "Si no los oyere a ellos, dilo a la iglesia ..." Si el hermano culpable aún no quiere oir a los dos o tres debe llevar la cuestión ante la iglesia. El asunto debe ser llevado entonces ante la _____.

299. (iglesia) ¡Qúe lástima! ¡Qué triste! Pero cuando un hermano no quiere dejar su pecado, la iglesia (los miembros reunidos) tiene que actuar, llamar la atención de la persona. Llaman a la persona a la reunión de los miembros (reunión de oración). Otra vez, si el hermano se endereza, ¡positivo! Terminó el _____.

300. (asunto) Notamos en todo esto el amor y la paciencia de Dios. Estas palabras son la enseñanza de _____.

301. (Jesús) ¿Pero qué hacer si este hermano en pecado no quiere escuchar a la iglesia? La última parte del versículo 17 dice, "y si no oyere a la iglesia, tenle por gentil y publicano", o como un

_____.

302. (incrédulo) la iglesia tiene que separarse de él como si fuera una persona no convertida. Esta es separación de comunión (compañerismo) en la iglesia. (¡No dice de las reuniones de la iglesia!) Tienen que tratar con él como con un _____ y _____.

303. (gentil, publicano) ¿Y cómo fueron tratados los gentiles y publicanos por los judíos? Posiblemente fueron maltratados. Mas, ¿Cómo deben los creyentes tratar al no creyente? Con amor, el de Dios para ganarlo para Cristo. Sin aceptar su pecado. Brevemente hemos estudiado la importante enseñanza del Señor Jesús sobre "como se

_____ _____ a un _____

en _____ ".

304. (debe, tratar, hermano, pecado) Este pasaje es muy importante y nos enseña los pasos que se deban tomar para tratar con el hermano en pecado. Terminamos este pasaje con las palabras de Alejandro Hay, " ... el Señor está hablando de un caso en el cual el que tiene pecado no se arrepiente y no quiere tratar el mal que ha hecho. Si lo hubiera hecho, el asunto sería terminado. Mas como no quiere hacerlo y como el asunto no se puede dejar en esa condición porque el pecado en la congregación afecta su comunión con el Señor que está en medio..." Mateo 18: 15-20 es la enseñanza del Señor _____.

305. (Jesús) Ahora consideremos otros pasajes impotantes sobre el tema de la disciplina o separación. Lea 1 Co. 5:1-13. ¿Ya leyó? Aquí hay un caso de inmoralidad. ¡Hay mucha enseñanza en este pasaje! Vamos apenas a tocar los puntos o principios básicos y dejar los pormenores. En este pasaje hay un caso de _____.

306. (inmoralidad) Sí. Este es un caso de un hermano en la iglesia viviendo en ¡inmoralidad! ¡Y la iglesia no está haciendo nada!. Pablo escribe, "...hay entre vosotros inmoralidad..." y pregunta, "¿no debierais más bien haberos lamentado, para que fuese quitado de en ode vosotros el que cometió tal acción?". La iglesia debe actuar. ¡Son palabras fuertes!. "Para que fuese _____ de en medio de vosotros". (vs. 7, "lanzado fuera").

307. (quitado) Pero, ¿Quién tiene la responsabilidad? Este es un caso conocido por todos y el hermano no quiere arrepentirse y dejar su pecado. (Vea Proverbios 28:13). Quien tiene la responsabilidad de actuar es la propia_____.

308. (iglesia) Sí. La congregación tiene la responsabilidad. Este es un caso conocido por todos. En versículo 4 dice "en el nombre del Señor Jesús, reunidos vosotros ...". Quien tiene la responsabilidad de actuar es la _____ o _____ misma.

309. (iglesia o congregación) ¿Y qué debe hacer la congregación y los creyentes individuales? Versículo 11, "... no os juntéis con ninguno que, diciéndose hermano, fuere fornicario...con el tal ni aún comáis". La congregación y el creyente individual tiene que _____ del hermano en pecado.

310. (separarse) Es la misma responsabilidad para la congregación que para el hermano individual de separarse del hermano viviendo en pecado. Veamos otro caso. Lea 2 Tes. 3:6-15. En el versículo 6, 7 y 11 se repite la palabra _____.

311. (desordenadamente) Sí. Tenemos aquí el caso de un hermano que anda en desorden. Sin duda la palabra "desordenadamente" tiene muchas aplicaciones. El problema en este caso es el hermano que anda

_____.

312. (desordenadamente) Mas, ¿Cuál es el desorden aquí en el contexto?. El versículo 11 dice, "Pues, de hecho, estamos informados que entre vosotros hay personas que andan desordenadamente, no trabajando; antes se entrometen en la vida ajena". Son personas que no quieren

_____.

313. (trabajar) Son peresozos y "se entrometen en la vida ajena". ¿Qué debe hacer la iglesia? El versículo 6 dice, "... apartaos de todo hermano que ande desordenadamente.." Y el versículo 14, "... ni os juntéis con él..." La congregación tiene que _____.

314. (separase) ¿Y por qué la separación o la disciplina? "...para que sea avergonzado". Recordamos que el propósito de la separación es para que el hermano se _____ y vuelva a la comunión con el Señor.

315. (arrepienta) El versículo 15 es una buena advertencia y exhortación, "... no lo tengáis por enemigo, sino amonestadle como a hermano". ¡Está bien! Vamos a considerar sólo un caso más. En Tito 3:10, 11

leemos, "Al hombre que cause divisiones, después de una y otra amonestación deséchalo, sabiendo que el tal se ha pervertido, y peca y está condenado…". Este caso es de un hermano que persiste en falsa doctrina. Pablo dice en el versículo 10, "_____" (al que cause divisiones).

316. (deséchalo) Sí. En caso de falsa doctrina debe tratar de corregir su error (amonestándolo) mas si no hay un cambio tiene que

_____.

317. (separarse) Para terminar esta lección vamos apenas a citar dos versículos relacionados con el asunto. Ro. 15:1, "Así que, los que somos fuertes debemos soportar las flaquezas de los débiles, y no agradarnos a nosotros mismos". Y Gálatas 6:1, "Hermanos, si alguno fuere sorprendido en alguna falta, vosotros que sois espirituales, restauradle con espíritu de mansedumbre, considerándote a ti mismo, no sea que tú también seas tentado." Quien tiene mucha responsabilidad son los

_____ y los_____.

318. (fuertes, espirituales) El Señor Jesús nos enseña en Mt. 18:15-20 sobre "Cómo se _____ _____ a un _____ en _____".

319. (debe, tratar, hermano, pecado) Después de tomar todas las posibilidades en ayudar al hermano a arrepentirse de su pecado, si él no se arrepiente la iglesia tiene que _____ de él.

320. (separarse)

78

Lección 11: Disciplina o Separación en la Iglesia Local.

PLAN

1. Comprobar que los alumnos ya estudiaron la lección o reservar tiempo para su estudio.

2. Leer pasajes bíblicos relacionados con el tema.

3. Usar las siguientes preguntas para motivar el intercambio de ideas.

PREGUNTAS Y REFERENCIAS

1. ¿Cómo se debe tratar a un hermano en pecado que no quiere arrepentirse?

2. Los alumnus pueden discutir uno por uno los casos de disciplina mencionados en la lección.

3. El alumno debe leer con cuidado todo el pasaje de 1 Co. 5:1-13 y notar la seriedad de estos pecados mencionados y la actitud fuerte del Apóstol Pablo: vs. 5, "... sea entregado a Satanás" y vs. 13. "quitad".

4. En nuestrod días ¿se practica la disciplina como debe ser practicada?

LECCIÓN 12

Al terminar esta lección Ud. deberá ser capaz de:

- Dar la misión principal de la iglesia.
- Explicar lo que es la Gran Comisión.
- Incluir palabras que son expresiones de la Gran Comisión.
- Decir las frases que expresan la voluntad de Dios en su vida.

321. ¡Bien!. Hemos estudiado varios aspectos de la iglesia, el cuerpo de Cristo, especialmente en su aspecto local. Hemos considerado algo de su vitalidad interna. ¡Mas ahora! ¿Cuál es el propósito o función de esta iglesia, este cuerpo, en el mundo? Nuestra consideración será la _____ de la iglesia.

322. (misión) Para comprender major la misión de la iglesia nosotros vamos a usar la <u>Gran Comisión</u> como una expresión de la voluntad de Dios para su iglesia. La misión de la iglesia se expresa en la _____

_____.

323. (Gran Comisión) La Gran Comisión son palabras del

_____.

324. (Señor Jesús) Los pasajes principales son: Mateo 28:18-20; Marcos 16:15,16; Lucas 24:47; Juan 20:21 y Hechos 1:8. Estas palabras nos hablan de la _____ _____.

325. (Gran Comisión) Notemos solamente que en Marcos tenemos las palabras, "Id...y predicad"; en Lucas, "predicad"; en Juan, "...yo también os envío"; en Hechos, "me seréis testigos". Estas palabras expresan la

_____   _____.

326. (Gran Comisión) Vamos a usar Mateo 28:19,20 como la base de nuestro estudio: "Id, por tanto, y haced discípulos a todas las naciones, bautizándolos en el nombre del Padre, y del Hijo, y del Espíritu Santo; enseñándoles que guarden todas las cosas que os he mandado; ..." (Para nuestro estudio ahora no vamos a considerar la autoridad de Jesús en el versículo 18 ni la promesa final en el 20) Las palabras subrayadas son _____, _____,

_____, _____.

327. (Id, haced discípulos, bautizándolos, enseñándoles) Estas palabras son palabras de_____.

328. (Jesuscristo) Sí. Algunas expresiones de la misión de la iglesia son: me seréis testigos, id, predicad, haced discípulos, bautizándolos, enseñándoles. Son expresiones de la _____

_____.

329. (Gran Comisión) Ahora aquí en Mateo hay cuatro verbos que muestran acción: id, haced discípulos, bautizándolos, enseñándoles. En nuestra Biblia en Español, estos primeros dos están en el imperativo, lo cual expresa mandamiento, (vea pregunta No. 1) y los otros dos son participios en forma de gerundios que expresan acción continua. En estos versículos los tres medios de cumplir la voluntad de Dios (hay otros) son: ir, bautizar, enseñar. Estas actividades son _____ de cumplir el fin.

330. (medios) Ahora, ¿Cuál es el fin, la meta o el propósito? ¡Hacer discípulos! El fin o propósito de la Gran Comisión es _____ _____.

331. (hacer, discípulos) Sí. La misión de la iglesia en el mundo es ir, predicar el evangelio, hacer discípulos, bautizándolos, enseñándoles. El objeto es siempre hacer más _____.

332. (discípulos) El fin evangélico de la iglesia es _____ _____.

333. (hacer discípulos) Un discípulo es un creyente o un cristiano, un nacido de nuevo por el Espíritu Santo, un verdadero hijo de Dios (Juan 1:12-13; 3:5-7; Hechos 11:26; Romanos 10:9) La voluntad de Dios es que nosotros (como iglesia de Cristo) _____ _____.

334. (hagamos discípulos) La voluntad de Dios es el crecimiento de su iglesia (en cantidad y calidad). Sí, la voluntad de Dios es el _____ de la iglesia.

335. (crecimiento) La misión principal de la iglesia es ir y _____ _____.

336. (hacer discípulos) Ahora en estos versículos hay una especie de rueda que va así: Id (predicad), haced discípulos, bautizarlos, enseñarles, que guarden todas las cosas para que ellos puedan ir (predicar),..." La misión de la iglesia puede ser considerada como una especie de _____ (2 Tim. 2:2).

337. (rueda) Nuestro problema muchas veces es que paramos la rueda con actividades menos importantes y perdemos la visión de la voluntad de Dios en la Gran Comisión de hacer_____.

338. (discípulos) La misión principal de la iglesia se expresa en la

_____ _____.

339. (Gran Comisión) Sí. Debemos predicar a todo el mundo que Cristo salva al pecador. (Hay también otras misiones de la iglesia. Ver pregunta No. 2 en la sección Preguntas y Referencias). Para terminar nuestro estudio vamos a recordar que Dios tiene un propósito glorioso en la vida de cada creyente entre tanto éste está obedeciendo la Palabra de Dios y tomando parte en todas las actividades de su iglesia. Tomemos cuatro expresiones de las cartas del Apóstol Pablo:

"… para ser conforme a la imagen de Su Hijo…" Ro. 8:29

"… somos transformados de gloria en gloria, a Su misma imagen…" (2 Co. 3:18).

"… Cristo en vosotros, la esperanza de Gloria" (Col. 1:27)

"… a fin de presentar todo hombre prefecto en Cristo" (Col. 1:28)

La voluntad de Dios en su vida es una _____ de su _____, que sea _____ en _____.

340. (imagen, Hijo, perfecto, Cristo) ¡Que este estudio sea un medio para cumplir estos propósitos en su vida! ¡FELICITACIONES!

SUGERENCIAS Y PLAN PARA ESTUDIO DE GRUPO

Lección 12: La Misión Principal de la Iglesia del Nuevo Testamento.

PLAN

1. Comprobar que los alumnos ya estudiaron la lección o reservar tiempo para su estudio.

2. Leer pasajes bíblicos relacionados con el tema.

3. Usar las siguientes preguntas y referencias para motivar el intercambio de ideas.

PREGUNTAS Y REFERENCIAS

1. En cuanto a la palabra "Id" en el Griego es también un participio, es decir, "Yendo".

2. ¿Qué es la Gran Comisión?

3. ¿Cuáles son los pasajes principales que expresan la misión de la iglesia?

4. Estudiar en un diccionario bíblico la palabra "discípulo".

5. ¿Cuál es la voluntad de Dios para su vida?

¡FELICITACIONES! Usted terminó una etapa en el estudio de enseñanza bíblica.

APENDICES:

1. Pruebas para el Estudio:

   Prueba 1, Lecciones 1- 6

   Prueba 2, Lecciones 7- 9

   Prueba 3, Lecciones 10- 12

2. Bibliografía

LA IGLESIA DEL NUEVO TESTAMENTO

PRUEBA No.1   **LECCIONES 1 - 6**

1.   La iglesia pertenece a _____.

2.   La definición más simple de la iglesia local es:

        " _____ o _____

        congregados en _____ _____.

3.   La iglesia local es una parte de la _____

        _____.

4.   La iglesia empezó en el _____ de _____.

5.   En la primera iglesia local en Jerusalén, las personas que aceptaron la

        _____ fueron _____.

6.   El bautismo es para los que creen en Cristo y el modo del bautismo es

        por _____.

7.   ¿Cuáles son las cuatro actividades de la primera iglesia?

        1. La _____ de los _____.
        2. La _____.
        3. El _____ del _____.
        4. Las _____.

8.   Para mostrar en una manera práctica la communión, el creyente debe

        estar en las _____ de la _____.

86

9. En la Cena del Señor, Jesús esta _____.

10. En La Cena del Señor, proclamamos la _____
    del _____ hasta que El _____.

LA IGLESIA DEL NUEVO TESTAMENTO

PRUEBA   No. 2   **LECCIONES 7 - 9**

1.   Antes de participar de la Cena del Señor, el creyente tiene el deber de

_____ y _____.

2.   En La iglesia primitiva, tomaron la Cena _____ los

_____ de la _____.

3.   Entonces, en la iglesia del Nuevo Testamento, celebraron La Cena por lo

menos cada_____ .

4.   En la reunión de oración, hay la promesa de la _____

de Jesus.

5.   La palabra "acordaron" significa que la iglesia local debe tener

_____ en oración.

6.   Para obtener respuestas a las oraciones hay ciertas

_____.

7.   ¿Cuáles de los miembros de la iglesia son sacerdotes? _____.

8.   Nosotros que somos creyentes somos el _____

de Cristo e individualmente _____ del mismo.

9.   Dios da dones o manifestaciones del Espíritu Santo para que

_____.

10. ¿Cuales son los ministerios básicos o fundamenteles el la iglesia del Nuevo Testamento?

1. _____

2. _____

3. _____

4. _____

5. _____

LA IGLESIA DEL NUEVO TESTAMENTO

PRUEBA No. 3   **LECCIONES 10 - 12**

1. Los dos puestos o posiciones en la iglesia son: los_____
   y los _____.

2. En el Nuevo Testamento, cuatro nombres que significan el mismo oficio
   son: 1) _____, 2)_____
   3)_____, 4)_____.

3. Siempre había una _____ de presbíteros y diaconos en
   la iglesia.

4. Estos hombres fueron escogidos por el _____
   _____.

5. En la iglesia local, la palabra "disciplina" quiere decir sólo
   _____ porque solamente Dios tiene derecho de
   castigar a sus hijos.

6. El propósito de la separación es ayudar al hermano a _____
   y volver a la comunión.

7. Cuando un creyente sabe de un hermano viviendo en pecado, debe:
   (Enumerar en orden los pasos a tomar en un caso de "disciplina",
   colocando una "X" en las respuestas erradas).
   _____ Contar (decir) todo al esposo o esposo de la persona.
   _____ Hablar del caso a la iglesia (en la reunión de oración) para
   resolver el problema.
   _____ Hablar con la persona en particular.

_____ Recomendar al pastor que expulse a la persona públicamente.

_____ Llevar uno o dos personas para aconsejar a la persona.

_____ Decir nada a nadie.

8. La Gran Comisión define la _____ de la iglesia.

9. El propósito de la Gran Comisión es _____

_____.

10. Los cuatro verbos usados para cumplir la voluntad de Dios, expresados en la Gran Comisión, son:

1. _____

2. _____

3. _____

4. _____

LA IGLESIA DEL NUEVO TESTAMENTO

Respuestas de las Pruebas Finales

Prueba No. 1

1. Jesucristo
2. "dos, tres, Mi Nombre
3. Iglesia Universal
4. Dia, Pentecostés
5. Palabra, bautizados
6. imersión
7. 1) doctrina
   2) comunión
   3) partir, pan
   4) oraciones
8. reuniones, iglesia
9. presente
10. muerte, Señor, venga

Prueba No. 2

1. examinarse, juzgarse
2. todos, días, semana
3. semana
4. presencia
5. unanimidad (ser unánimes)
6. condiciones
7. todos
8. Cuerpo, miembros
9. el cuerpo funcione mejor.
10. 1) apóstoles
    2) profeta
    3) evangelistas

4) pastores
5) maestros

Prueba No. 3

1. ancianos (presbíteros), diáconos
2. 1) presbítero
   2) anciano
   3) obispo
   4) pastor
3. Pluralidad
4. Espíritu Santo
5. separación
6. arrepentirse
7. __X__   Contar.....
   __3__   Llevar.....
   __1__   Hablar.....
   __X__   Recomendar.....
   __2__   Llevar.....
   __X__.   Decir.....
8. responsabilidad
9. hacer discípulos
10. 1) Ir
    2) Predicar
    3) Bautizar
    4) Enseñar

Bibliografía

Boer, Harry R., Pentecost and Misións, Grand Rapids, Wm. B. Eerdmans
    Publishing Co., 1975.

Broadbent, E.H., The Pilgrim Church, London, Pickering and Inglis, 1931.

Bruce, F.F., Commentary on the Book of Acts, Gran Rapids, Wm. B.
    Eerdmans Publishing Co., 1983.

Carmicheal, Amy, Gold Cord, London, Spck, 1955.

Darby, J.N., Synopsis of the Books of the Bible, Kingston-- ON—Thames, Stow
    Hill Bible and Tract Depot, 1948.

De Ridder, Richard R., Discipling the Nations, Grand Rapids, Baker Book
    House, 1975.

Edersheim, Life and Times of Jesus the Messiah, London, longmans, 1886.

Eisenberg, Aziel, The Synagogue through the Ages, New York, Block Publishing
    Company, 1974

Fisher, History of the Christian Church, New York, Charles Scribner's Sons, 1887.

Hay, Alex. Rattray, The New Testament Order for Church and Misiónary,
    Welland, New Testament Misiónary Union, 1947.

Holy Bible, The New King James Version, Nashville, Thomas Nelson
    Publishers, 1983.

Kaller, Donald W., <u>Analise da Renovacao Pentecostal</u>, Patrocinio, CEIBEL, 1976.

Kohler, Dr. K., <u>Jewish Theology</u>, New York, MacMillan Company, 1918.

Latourette, Kenneth Scott, <u>A History of Christianity</u>, New York, Harper and Row Publishers, 1953

Martin, Jose, <u>A. Igreja</u>, Patrocinio, CEIBEL, 1975.

McMillan, William M., <u>Doutrina da Igreja</u>, Brazil, Instituto Biblico Mineiro, 1975.

Morgan, Campbell, <u>The Acts of the Apostles</u>, London, Pickering and Inglis, 1930.

Norbie, Donald F., <u>Early Church, The</u>, Waynesboro, Christioan Misións Press, 1983.

<u>Ryrie, Study Bible, The</u>, New American Standard, Chicago, Moody Press, 1976.

Tenney, Merril C., <u>The Zondervan Pictorial Bible Dictionary</u>, Grand Rapids, Zondervan Publishing House, 1963.

Winter, Ralph D. and Steven C. Hawthorne, <u>Perspectives on the World Christian Movement</u>, Pasadena, William Carey Library, 1981.